HISTOIRE

DE LA

PEINTURE SUR VERRE

EN LIMOUSIN

PAR L'ABBÉ TEXIER

ANCIEN CURÉ D'AURIAT

CHANOINE HONORAIRE DE LIMOGES

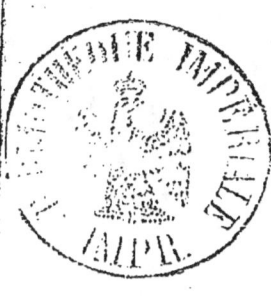

De materialibus ad immaterialia excitans.

DESCRIPTION DES VITRAUX DE SAINT-DENIS ,
par l'abbé SUGER.

PARIS

V. DIDRON, LIBRAIRE
PLACE SAINT-ANDRÉ-DES-ARCS, 30

DUMOULIN, LIBRAIRE
QUAI DES AUGUSTINS , 13

LIMOGES

CHEZ LES PRINCIPAUX LIBRAIRES

1847

A MONSIEUR E.–H. THÉVENOT,

Chef d'escadron, Directeur de la Manufacture de vitraux de Clermont-Ferrand, membre du Comité des Arts et Monuments, etc.

MONSIEUR ET AMI,

Agréez l'hommage de ce petit livre.

Dans la liberté, embellie par l'étude, que je dois à la bienveillance et aux encouragements d'un Pontife vénéré, j'ai tenté à ma manière d'ouvrir une vue sur ces âges anciens de la France *dont il y a de si glorieuses choses à dire.*

Nous nous sommes rencontrés en route.

Votre pinceau, guidé par la science chrétienne, rétablit nos anciens vitraux ; il enrichit nos églises d'œuvres dignes, par leur perfection, de rivaliser avec celles des temps passés ; pour tout dire, en un mot, vous tenez la plume et le crayon comme vous avez porté l'épée.

Vous faites mieux encore : vous aimez, je le sais, l'élément chrétien, qui domine dans ces œuvres ; ils sont reniés par vous les esprits, heureusement rares, qui pensent que la connaissance des formules et des procédés matériels suffit en ces travaux.

Au moyen âge, la science la plus haute, la théologie s'était développée avec magnificence sous une forme monumentale. Comment des esprits qu'on voudrait trouver graves ont–ils pu reléguer au rang des choses indifférentes, sinon nuisibles, l'étude de cette prédication éloquente qu'on appelle l'art chrétien ?

En ces matières l'intelligence vient du cœur : pour en parler comme vous faites il faut la science des choses chrétiennes aidée par un esprit élevé et une ame fervente.

Nous aimerons donc toujours ces études, sûrs, malgré notre faiblesse, de n'y être pas inutiles, et d'y trouver, après l'épreuve, une consolation et une récompense !

Limoges, 22 février 1847.

TEXIER.

HISTOIRE
DE LA PEINTURE SUR VERRE
EN LIMOUSIN.

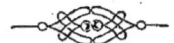

Dans un précédent mémoire nous avons appelé l'attention de nos collègues sur un point vainement débattu jusqu'à ce jour de l'histoire de la peinture sur verre. L'opinion émise par nous, en plaçant à Limoges le berceau de cet art si populaire, donnerait à notre ville une gloire sans égale dans la pratique des arts d'origine moderne. Notre patriotisme est donc hautement intéressé à rechercher et à produire tous les témoignages qui pourraient confirmer cette assertion.

Les meilleures de nos preuves nous seront fournies par les monuments eux-mêmes. Il serait peu raisonnable d'espérer découvrir dans la poudre des bibliothèques un autre manuel inédit de l'art du moyen âge. Or les textes imprimés sont connus : ils jettent peu de jour sur les origines de cet art. Les formules techniques sont d'ailleurs de leur nature sujettes à diverses interprétations, et partant à conteste. Un monument au contraire se produit toujours avec un caractère extérieur et matériel qui fortifie son témoignage lorsqu'il n'est pas accompagné d'une complète évidence.

On peut se proposer d'autres buts. Les restes de vitraux qui décorent nos églises appartiennent à tous les âges. Ils nous fournissent donc des exemples des styles divers adoptés par chaque siècle : leur description, accompagnée des notions générales nécessaires pour l'intelligence de la matière, serait une histoire abrégée de la peinture sur verre. Quelles jouissances cette étude ne promet-elle pas à nos recherches patientes ! L'histoire locale, celle du costume, des formules chimiques, y recueilleront mille faits précieux et jusqu'à ce jour dédaignés. Faire l'histoire de l'art c'est décrire les procédés mis en œuvre par la main de l'homme pour donner au beau une forme visible ; c'est constater sous quel aspect il se manifesta pour l'œil et le goût aux diverses époques de notre histoire.

1

La peinture sur verre, par ses procédés et ses matériaux, a une grande analogie et quelquefois une parfaite ressemblance avec la peinture sur porcelaine. Cette dernière, sous une bonne direction, pourrait faire la gloire et la fortune de notre cité; et n'a-t-elle rien à apprendre de l'art fraternel qui la devança dans l'emploi des substances colorantes et vitrifiables? L'intérêt matériel se réunit donc aux charmes d'une étude attrayante pour nous diriger en cette voie.

Ebranlées d'ailleurs par les révolutions et le temps, ces pages précieuses de fragile peinture réclament des soins protecteurs. En plusieurs lieux les plombs oxydés, les armatures rompues, les menacent d'une ruine tous les jours plus imminente. Que nos études, en éveillant l'attention publique et celle des autorités, provoquent la consolidation et l'entretien de nos vitraux, et nous aurons atteint un des buts pour lesquels notre Société fut créée; et, si nous ne réussissons pas à sauver le reste de nos peintures sur verre, ces pages en garderont au moins un vague souvenir!

Nos recherches embrassent les départements de la Haute-Vienne, de la Creuse et de la Corrèze. Ces trois centres administratifs représentent l'ancienne division ecclésiastique de la province avant la création de l'évêché de Tulle par Jean XXII : c'est le cercle atteint le plus activement par l'influence limousine. Cependant nous ne nous interdisons pas de rechercher au dehors des termes de comparaison : c'est ainsi que nous ferons une excursion jusqu'à La Ferté-Bernard pour y visiter les beaux vitraux dont notre Jehan Courtois enrichit cette église en 1532.

Voici, à la date de novembre 1845, les vitraux trouvés par nous dans notre province, et qui serviront de base à nos études. Nous prions nos honorables collègues de vouloir bien nous signaler les peintures sur verre qui auraient échappé à nos recherches.

XIIe SIÈCLE.

Le seul vitrail du XIIe siècle conservé dans cette région archéologique provient des ruines de l'abbaye de Bon-Lieu (Creuse). J'en ai dit un mot précédemment : toute l'ornementation est formée par le réseau de plomb qui réunit les verres.

XIIIe SIÈCLE.

Cette province, très-riche autrefois en vitraux du XIIIe siècle, les a perdus dans les guerres religieuses du XVIe siècle. Il n'en reste qu'un panneau, placé dans la rose du transept nord de l'église de La Souterraine (Creuse).

XIVe SIÈCLE.

Je signalerai comme très-remarquables pour leur temps les grandes verrières du chœur de la cathédrale de Limoges. Elles représentent des *apôtres*, *l'Annonciation*, *sainte Valérie* et *saint Martial*. Ces personnages, de stature colossale, sont debout dans des niches gothiques en couleur sur fond de grisaille.

XVe SIÈCLE.

A ce temps appartiennent toutes les verrières de Saint-Michel de Limoges. Deux des plus remarquables représentent, en trente-deux tableaux ajustés sur fond de mosaïque, les légendes de *la sainte Vierge* et de *saint Jean*. Sur d'autres vitraux voisins sont représentés des *saints* du pays, tels que *saint Léonard*, encadrés par une riche architecture en grisaille.

A Augne (Haute-Vienne), deux verrières rondes représentent *l'Annonciation* et *l'Adoration des mages*.

A Aymoutiers, quinze grands vitraux et deux roses, postérieurs à 1470, représentent cent dix personnages exécutés dans de grandes proportions et plusieurs scènes composées. Au bas de tous ces vitraux sont agenouillées les figures des donateurs vêtus des naïfs costumes de leur temps; on y distingue une grande figure de l'archevêque de Nazareth *Jean Barthon de Montbas*. Toutes ces verrières menacent ruine, et réclament une mise en plomb et une restauration urgentes.

XVIe SIÈCLE.

Il faut citer pour ce temps : 1° presque tous les débris qui garnissent les tympans des grandes fenêtres gothiques de la cathédrale de Limoges ; six grandes et magnifiques figures enlevées à une chapelle du même édifice, et placées dans les verrières du chœur ;

2° Un vitrail de l'église de La Borne (Creuse) portant la date de MVCXXII et la signature du verrier F. FRANÇOIS : cette page magnifique représente l'arbre de Jessé ;

3° Les vitraux de l'église de Magnac-Bourg : ils représentent des *saints* étagés les uns au-dessus des autres, et groupés deux par deux dans des niches de la renaissance ;

4° Les deux vitres de Saint-Pierre de Limoges bien connues de nos lecteurs ;

5° Des débris à Bourganeuf.

Quand j'aurai mentionné deux panneaux qui décorent l'église de

Saint-Symphorien (Haute-Vienne); des débris conservés à Chamberet (Creuse); un petit vitrail, assez remarquable, d'Orliac (même département), et les vitres qui ornaient et qui ornent encore nos maisons, j'aurai épuisé la liste des débris qui doivent nous aider à reconstruire le magnifique ensemble dont ils firent partie.

L'étude à laquelle nous nous livrons a deux aspects, qui représentent, en quelque sorte, l'esprit et la matière, l'âme et le corps. Ce serait peu de rechercher comment les anciens maîtres verriers réussissaient à obtenir une matière translucide et résistante qu'ils coloraient par l'emploi intelligent des oxydes métalliques; comment cette matière se découpait, malgré sa fragilité, en fragments de dimensions inégales, et, par la juxta-position des couleurs diverses, formait des mosaïques transparentes.

Le sujet serait à peine abordé si on laissait dans l'ombre les formes sous lesquelles le goût du beau se manifesta dans la suite des âges. Fabriquer et colorer le verre, le découper et l'ajuster dans un vitrail n'était pas tout le but des anciens verriers : ils voulaient, par l'emploi de ces moyens, traduire une pensée sous une forme visible. Consacrée à l'enseignement de la religion ou de l'histoire, leur verrière réunissait presque toujours un double caractère.

Ici reparaît la querelle moderne de l'art et du métier : ne cessons pas de déplorer la séparation qui s'est accomplie entre la main qui façonne et l'esprit qui dirige, entre l'homme qui pense et celui qui opère, ou, comme on dirait aujourd'hui, entre l'ouvrier et l'artiste. Le moyen âge, comme l'antiquité, ne connaissait pas ces distinctions subtiles. Les architectes qui ont bâti nos cathédrales s'appelaient tout simplement des maçons; les sculpteurs étaient des imagiers; les peintres, des enlumineurs; les peintres sur verre, des verriers. Et ces hommes, sous un nom modeste, ont fait de grandes choses : le contraire n'aurait-il pas lieu quelquefois aujourd'hui?

> Rien de plus commun que le nom.....

C'est dire que nous nous plaçons au point de vue de l'antiquité.

Dans cette notice sur l'histoire de la peinture sur verre nous réunissons nos recherches sur l'art et le métier, nos aperçus sur les procédés et sur le style; et c'est justice. Souvent les effets les plus piquants et les plus imprévus sont dus à l'emploi intelligent d'une matière rebelle. C'est ainsi que l'éclat et la solidité des vitraux primitifs doivent être attribués à ce que nous appellerions aujourd'hui la mauvaise fabrication du verre. En descendant le cours des siècles nous verrons les procédés techniques, toujours perfectionnés aboutir à un résultat surprenant : un double mouvement en sens inverse s'accomplira sous nos yeux. La technique gagnera chaque jour en science, l'exécution en habileté, le dessin en apparente correction; et cependant le vitrail perdra peu à peu son prestige, ses couleurs s'effaceront, et les tons vigoureux du xii° siècle s'éteindront, au xvi°, dans la grisaille la plus incolore. Puisse cette étude, que nous ferons en commun, et pour laquelle je réclame un bienveillant concours, nous faire aimer nos aïeux, et populariser un art dans lequel ils ont excellé !

Notre point de vue embrasse un horizon plus vaste que la région archéologique où nous paraissons circonscrire nos recherches. Parler des vitraux du Limousin c'est décrire dans leurs caractères principaux les vitraux de la France entière.

C'est là un des plus grands charmes de l'étude du moyen âge : tous les arts y sont solidaires. En ce temps où le peuple, la foule si l'on veut, était le but commun des travaux considérables, la pensée rendue visible par le sentiment du beau se répandait avec une rapidité que nous ne savons plus comprendre. Et cependant les communications étaient rares et périlleuses : le sol de notre France, morcelé par les divisions féodales, présentait à chaque pas des frontières difficiles à franchir. Quel fut le centre d'où se répandirent ces influences, diverses selon les siècles, puissantes en chaque temps? Cette diffusion rapide n'était-elle pas un bienfait dû aux associations religieuses? Que l'on explique autrement, s'il est possible, comment les systèmes et les pratiques artistiques voyageaient avec rapidité du nord au midi, laissant partout des traces de leur passage; que l'on nous dise pourquoi la description des vitraux d'une petite province rend nécessaires des notions générales sur l'histoire de la peinture sur verre.

Quel ordre, quelles divisions introduirons-nous dans ce travail ?

Au début, les verres colorés en pâte sont exclusivement employés.

Au xvii° siècle, la coloration superficielle est à peu près seule mise en usage.

Dans l'époque intermédiaire, les verres teints et les verres peints sont rapprochés dans les mêmes vitraux. Tel est le caractère le plus saillant des procédés.

Quant aux caractères généraux de la peinture, ils se succèdent dans cet ordre : au xii° siècle et au xiii°, des mosaïques de verres teints forment de petits tableaux ajustés sur un fond de décoration.

Aux xiv° et au xv° siècle, de grandes figures s'isolent dans un encadrement d'architecture.

Enfin, dans la dernière époque, le vitrail a toute la recherche d'un tableau : il lutte de finesse et de prétention avec la peinture ordinaire. Ainsi, mosaïque au début, peinture à la fin, entre deux transition d'un système à l'autre : voilà toute l'histoire de cet art.

L'ordre chronologique, que nous adoptons ici, a l'avantage d'être le plus simple, le plus naturel, réunit celui de rapprocher les faits analogues de la composition et de l'exécution : il nous était donc imposé par la matière.

Ce travail se divise en trois parties :
1º Vitraux en mosaïques, xiie et xiiie siècle ;
2º Vitraux à grandes figures isolées, xive et xve siècle ;
4º Vitraux-tableaux, xvie et xviie siècle.

PREMIÈRE PARTIE.

xiie ET xiiie SIÈCLE.

Nous avons dit que les plus anciens vitraux à dates connues ne sont pas antérieurs au xiie siècle. Le caractère tout pratique de nos recherches nous défend de reconstruire au moyen de textes plus ou moins obscurs un art dont les travaux n'ont pas laissé de traces matérielles. Quant au xiie siècle, nous avons pour son étude des ressources de plus d'une sorte. La première et la plus importante nous est fournie par les vitraux de ce temps conservés à Saint-Denis, à Chartres, au Mans et à Poitiers. En outre le zèle d'un érudit, de M. de L'Escalopier, a mis à notre disposition le plus précieux des renseignements, je veux parler du traité de Théophile, où ce moine de la fin du xiie siècle révèle les procédés de tous les arts pratiqués à son époque. Un livre entier de sa *diversarum artium Schedula* est consacré à la fabrication du verre et des vitraux en couleur : nous puiserons souvent à cette source nouvellement ouverte.

Le traité de Théophile nous apprend que la fabrication de ce temps différait notablement de la nôtre, et ce fait a été mis en évidence par des analyses chimiques. Le verre, pour parler le langage de la science, était alors un silicate double de potasse, composé dur et cassant auquel s'incorporaient difficilement les couleurs vitrifiables. « Prenant deux parties de cendres (de bois de hêtre), dit Théophile, et une troisième de sable de rivière soigneusement purgé de terre et de pierres, mélangez dans un lieu propre......, et faites cuire sur le fourneau supérieur. » (Lib. II, C. IV.)

La pâte résultat de cette cuisson, prolongée pendant un jour et une nuit, se *cueillait* au moyen d'un tube, et se gonflait sous l'haleine du verrier. L'ouverture du ballon ou de la vessie vitreuse produits par l'insufflation permettait de l'étendre en plaques. Mais le nœud central conservé dans ces gâteaux, en les faisant décroître d'épaisseur du centre à la circonférence, ne permettait guère de les débiter en fragments d'une dimension supérieure à cinq ou six pouces : c'est la mesure des pièces les plus grandes de ce temps. Exceptionnellement une longueur plus grande ne pouvait s'obtenir qu'aux dépens de la largeur.

Pour colorer le verre les verriers employaient les fragments des mosaïques antiques ; ils connaissaient aussi l'usage des oxydes métalliques, et notamment du cobalt, consacré de tout temps à cet usage. D'autres fois leur inexpérience comptait sur les hasards heureux d'une recuisson prolongée.

« On trouve, dit Théophile, dans les antiques édifices des païens, parmi les ouvrages de mosaïque, différentes espèces de verre; savoir : du blanc, du noir, du vert, du jaune, du saphir, du rouge, du pourpre....., dont on fait des émaux incrustés dans l'or, l'argent ou le cuivre. On y trouve aussi de petits vases semblablement colorés, qui sont recueillis par les Français, très-habiles dans ce travail. Ils fondent dans leur fourneaux le saphir, et ils fabriquent des feuilles de saphir précieuses et utilement employées dans les fenêtres. Ils en font autant du pourpre et du vert. » (L. II, C. XII.)

Le même auteur avait dit précédemment : « Si vous voyez quelqu'un de vos verres prendre une teinte de safran, laissez-le cuire jusqu'à la troisième heure, et vous aurez du jaune clair..... Si vous voulez, laissez cuire jusqu'à la sixième heure, et vous aurez du jaune rougeâtre.» (*Id., ib.,* C. VII.)

Et plus loin : « Si vous reconnaissez que quelqu'un de vos vases tourne à une couleur fauve, qui se rapproche de la chair, gardez ce verre pour couleur de peau. En ôtant ce que vous voudrez, faites cuire le reste pendant deux heures, de la première à la troisième ; et vous aurez du pourpre clair ; faites cuire de rechef de la troisième à la sixième, et vous aurez du pourpre roux et parfait. (*Id., ib.,* C. VIII.)

Ajoutons à ces détails qu'on ne réussissait pas toujours alors à colorer le verre en table d'une teinte uniforme. Cette coloration inégale se remarque principalement sur le verre teinté en rouge : il est strié, scintillant, vergeté.

Pour fixer les substances colorantes à la surface de leurs vitraux les verriers primitifs, avant d'exposer leurs pièces au feu de là moufle, les couvraient de chaux vive sèche ou de cendres. Ces substances, en adhérant en partie, par l'effet de la cuisson, à la couleur qu'elles recouvraient, lui donnaient un ton rembruni. (Théoph., C. XXIII.)

La coupe à la pointe de diamant, qui rend si facile le débit des feuilles de verre, est une invention toute moderne. Pour cette opération les anciens se servaient d'un fer rougi promené au revers d'un trait mouillé tracé sur la vitre. L'emploi du grésoir (grosarium) réparait les défauts de cette coupe imparfaite et grossière. Les plombs d'assemblage, jetés préalablement dans un moule, étaient dégrossis, et munis d'une gouttière au moyen du rabot. Il y a loin de là à notre fabrication économique et rapide par le laminoir.

Ainsi on ne pouvait fabriquer que des feuilles de verre de dimensions étroites, et partant l'emploi des plombs était rendu nécessaire ; leur opacité, tranchant sur le fond lumineux, devait partout couper de lignes noires le dessin le plus savant. Le verre s'exécutait laborieusement, c'est-à-dire coûteusement, et se voilait à la cuisson. La coupe grossière, outre les pertes auxquelles elle exposait, n'avait pas la précision exigée par un ajustage difficile.

Suivons la fabrication, et nous serons peut-être surpris d'apprendre que ces défauts, grâce à la science de l'effet, si bien acquise par ces temps, se convertirent en autant de qualités. Chose étrange, dont il importe de découvrir la cause ! les maîtres les plus habiles de notre temps sont obligés de renoncer aux avantages de notre fabrication moderne, et de copier le XIIe siècle jusque dans ses défauts, sous peine de lui demeurer inférieurs !

Les vitraux du XIIe siècle et du XIIIe sont formés de petits fragments de verre, diversement mais fortement colorés en table, dont la réunion savante forme une mosaïque translucide. Une bordure plus lumineuse entoure le vitrail entier. Sur ce fond à dessins symétriques sont symétriquement distribués de petits tableaux encadrés géométriquement. Ils représentent des scènes des deux Testaments ou de la vie d'un saint. Les faits bibliques y sont réunis et opposés par la plus savante théologie pour la traduction d'une pensée dogmatique. Les actes des saints sont empruntés à la légende. La mosaïque du fond représente des galons semés de perles, enlaçant des quatre-feuilles et des ornements variés. Souvent aussi elle simule une plante dont les rameaux, pressés par une végétation vigoureuse, enlacent de leurs replis les tableaux distribués sur le champ.

L'exécution des petits tableaux est fort simple. Compris comme des bas-reliefs, il excluent habituellement les plans trop profonds et les fonds de perspective. Le nombre des personnages est intentionnellement limité ; l'exagération du geste et de la pose rend l'action plus intelligible.

La coloration du verre en table a fait presque tous les frais de la verrière ; seulement les plis, les traits et les ornements sont esquissés par un trait noir. Sur les vitraux les moins anciens a été appliquée par places une teinte superficielle bistrée, et des hachures y ont été enlevées en clair. Ces détails sont applicables au xiiᵉ siècle et au xiiiᵉ ; seulement le ton général des mosaïques du xiiᵉ siècle tend au bleu ; le xiiiᵉ siècle préférait un ton rouge.

L'effet de ces vitraux savants est magnifique. De près le chrétien peut y lire, sous une forme saisissante pour l'imagination, la vie des saints nos modèles, ou les enseignements des plus hautes vérités religieuses. À la distance où le détail échappe au regard les vitraux apparaissent comme des tapisseries étincelantes tendues dans les baies. La distribution symétrique des tableaux, la répétition alternative des mêmes ornements, leur donnent dans l'éloignement la valeur d'une décoration architecturale faite pour l'édifice, pendant que de près la représentation figurée a une valeur agréable. Il faut encore admirer dans ces vitraux le ton élevé, l'harmonie scintillante, le ton de pierreries de leur coloration vigoureuse. Ce ne sont pas là ces peintures sur verre à fonds de paysage, aux vaporeux lointains, qui, placées dans un édifice, semblent, vues de près, avoir pour but d'en faire sortir le spectateur par l'issue ouverte au regard et à l'imagination, et de loin n'apparaissent plus à l'œil étonné qu'en flaques inégales, incolores, sales et ternes.

Ici tout est monumental. L'armature de fer elle-même, au lieu de couper désagréablement la verrière, se ramifie savamment selon un dessin symétrique. Elle fait ressortir l'ornementation bien loin de lui nuire. La fabrication, la cuisson, la coupe du verre, l'emploi du plomb, son épaisseur, devenaient autant de qualités éminentes. La surface inégale du verre, sa coloration tout aussi inégale, lui donnaient, à tous les points de vue, un aspect scintillant et lumineux. Les plombs, dissimulés par leur position entre deux teintes différentes, servaient de repoussoir aux figures et à l'ornementation. Leur épaisseur consolidait des verres déjà grandement fortifiés par leur petite dimension. Cette dimension permettait d'ailleurs d'utiliser les moindres fragments. La coupe ou plutôt la casse grossière en apparence armait chaque fragment de dents aiguës qui mordaient dans le réseau métallique. Ajoutons que la cuisson des verres dans un bain de chaux enlevait au verre une transparence fatigante, sans nuire à la translucidité. L'économie, l'harmonie, la beauté, la solidité, se réunissaient donc dans cette fabrication méprisée par une observation superficielle.

A coté de ces vitraux hauts en couleur, il y avait place pour des verrières moins dispendieuses. Les parties sacrifiées des églises, celles qui réclamaient une lumière plus intense, s'éclairaient de verres gris ou verts couverts d'ornements au trait. Sur ce fond général couraient quelques bandes de couleur.

Le Limousin était riche en vitraux de cette époque. Déplorons la perte que nous avons faite des verrières de Saint–Martial, du Dorat, de la cathédrale et de Grandmont : notre province n'avait rien à envier sous ce rapport aux villes plus heureuses de Chartres et de Bourges. Nous en citerions vingt preuves ; celle-ci nous suffira :

Vers la fin du XVIe siècle le F. de La Garde, religieux de l'abbaye de Grandmont, parlait en ces termes des vitraux du XIIe siècle qui décoraient l'église de cette magnifique abbaye : « En ladicte église et tout autour, d'un costé et d'autre, il y ha vingt-deux vitres de diverses couleurs à la mode ancienne. Entre lesquelles y en ha cinq, par excellence riches, magnifiques et belles, où sont par personnaiges toutes les figures du vieulx et nouveau Testament. Celle du milieu fut bailhée par hault et puissant seigneur feu messire Hugues Brun, comte de la Marche, comme appert au bas d'ycelle, où est son effigie et ses armes, et au dessoubz, en mots latins, est escriptz :

» *Hugo comes Marchie fenestram vitream dedit ecclesie* ».

On sait que Hugues Brun mourut en 1208.

Quelle puissance n'a pas eue la destruction ! A grand'peine l'exploration du Limousin tout entier nous a-t-elle fait découvrir, dans l'église d'une abbaye en ruines, deux panneaux en verre blanc de cette époque. Qu'on veuille bien nous suivre : cette découverte a de l'importance.

Nous avons dit plus haut que, à côté des vitraux en couleur, on en rencontrait d'autres en verre blanc sur lesquels un trait noir dessinait des ornements courants, empruntés quelquefois au règne végétal, et plus souvent encore aux caprices d'une riche imagination. Pour atteindre à un semblable résultat, l'emploi de moyens plus faciles, une simplicité plus grande, ont suffi au verrier dont nous examinons l'œuvre : le vitrail dont nous parlons appartenait à l'abbaye de Bon-Lieu (Creuse). L'église de cette abbaye, fondée par

Géraud de Sales et Amélius de Comborn en 1119, fut solennellement consacrée par Gérard, évêque de Limoges, en 1141. Nous reproduisons les élégantes croix de consécration peintes à fresque, à cette occasion, sur les murs. L'œil exercé de nos lecteurs y reconnaîtra facilement le pinceau du XIIe siècle (1). Inutile d'ajouter que l'église est antérieure aux peintures qui la décorent.

Répétons quelques observations qui fixent la date du vitrail qui nous occupe. Il appartient à l'époque romane, nous l'avons prouvé :

Par les témoignages historiques : l'église dont il fait partie est tout entière, dans son architecture et sa décoration, de la première moitié du XIIe siècle ;

Par son exécution : le verre est inégal, gondolé ; les feuilles, de petites dimensions, sont épaisses, rugueuses ; la soude abonde dans leur composition ; elles ont été cassées au grésoir ; les plombs ont été façonnés au rabot ;

Par l'état de conservation : les deux surfaces du verre ont été dépolies, couvertes d'irisations par les agents atmosphériques ; les mêmes causes les ont criblées de trous nombreux, dont la profondeur atteint jusqu'à deux millimètres ;

Par le style : ces fleurs à cinq lobes, qui s'épanouissent en des cœurs enlacés et liés par des agrafes, se retrouvent sur mille monuments du XIIe siècle, notamment sur une peinture de 1135 et sur un chapiteau roman de la même époque. (V. *la planche V.*)

Nous voici donc en possession du plus ancien vitrail de France à dates précises. Sa possession fournit plusieurs observations intéressantes.

L'église de Bon-Lieu, édifice en style roman, a un caractère grave et sombre ; les percées y sont rares et de dimensions petites. Ce vitrail, placé au centre de l'abside, éclairait le maître-autel. Cette partie de l'édifice appelait une clôture lumineuse, dont l'ornementation fût en harmonie avec la décoration du reste de l'édifice ; enfin la pauvreté de la communauté naissante prescrivait une sévère économie : réunir l'élégance, le peu d'élévation du prix, la teinte lumineuse et douce, tel était le problème posé au verrier. Pour le résoudre, du verre et du

---

(1) V. *pl. V.* — Notre dessin noir à la plume ne saurait donner une idée de l'élégance facile et légère de ces peintures. Osera-t-on appeler barbare l'art d'une époque où les moindres détails avaient cette *tournure ?* Qu'on rapproche cette croix de consécration de celles des églises modernes de Notre-Dame-de-Lorette et de Saint-Vincent-de-Paule !

plomb lui ont suffi : du verre épais, grisâtre, coupé par l'opaque dessin du réseau métallique. Plus de lignes noires péniblement tracées par le pinceau et fixées au feu de la moufle : l'économie, l'élégance, la simplicité, se réunissaient donc en cette fabrication.

Ainsi l'étude d'un vitrail ancien, la découverte d'un procédé d'ornementation simple et facile, tels sont les faits acquis par ces recherches. Il y a donc toujours à apprendre dans le moyen âge ; et l'examen d'une pauvre église, perdue dans un désert, peut révéler des faits d'un intérêt général.

Placées sous un angle oblique, ou percées pour donner un jour abondant, quelques baies sacrifiées pouvaient se clore par des grisailles ou par les vitraux qui les simulent. Les autres fenêtres des églises réclamaient une clôture historiée qui suppléât par ses représentations à l'ignorance du populaire, une clôture dont le jour adouci changeât les conditions habituelles de la lumière extérieure en la transfigurant. Les vitraux mosaïques à légendes atteignirent ce but. On sait qu'ils se composent : 1° d'une bordure contournant le vitrail ; 2° d'un champ ou fond en mosaïques à dessins réguliers ; 3° de petits tableaux à encadrements géométriques et à fonds bleus, symétriquement distribués sur le fond. Les lignes noires d'une forte armature en fer servent de repoussoir à ces différentes subdivisions. La planche V, autant que peut le faire un dessin noir, présente des exemples de ces divers détails.

Les sujets figurés sur les petits tableaux sont historiques. Ils représentent la vie des saints, la vie du divin Modèle, ou des traits empruntés aux deux Testaments. Les scènes s'étagent de bas en haut : commencée sur la terre, la vie a son terme et sa fin dans le ciel. D'autres fois les traits historiques des deux Testaments, distribués dans la hauteur de toute la verrière, ajoutent à leur valeur particulière la signification symbolique que leur donna toujours la tradition religieuse. Les sujets traités par les verriers de cette époque peuvent donc se subdiviser en représentations légendaires, en représentations historiques ou symboliques. Dans ces dernières la valeur historique précède et accompagne toujours l'allégorie et la prophétie. Comme complément, et surtout comme accessoires, les vieux maîtres y ont représenté l'image des donateurs, des monstres, des animaux, des plantes, empruntés à la botanique et à la zoologie mystiques.

Au défaut des vitraux brisés, l'identité d'exécution des émaux en verre et des émaux sur métal, des émaux proprement dits et des verrières, nous permet de choisir nos points de comparaison ans l'histoire de l'orfévrerie. On sait de quelle importance sont ces études parallèles destinées à éclairer la commune origine et la parenté des deux arts.

Parlons d'abord des vies légendaires qui alimentèrent l'art du xiie et du xiiie siècle. Une critique plus étroite que savante les a traitées dédaigneusement. Un esprit plus élevé aurait considéré peut-être que la poésie était alors partout ; elle circulait en cet âge comme ces tièdes souffles qui, au printemps, animent toute chose, et parent de fleurs jusqu'aux sables des solitudes. La puissance de la foi qui inspirait tant d'œuvres d'art rendait facile la croyance aux merveilles du passé. Comment les populations appauvries qui voyaient croître au milieu d'elles, sous la seule inspiration du sentiment religieux, six mille églises, cent gigantesques cathédrales, ciselées, embellies, parées comme un écrin royal, auraient-elles pu douter de la puissance de ce sentiment fécond ? Elles le voyaient, aidé des ressources d'une faible nature, transformer les rochers en demeures divines ; et elles croyaient à la force de l'esprit qui réalisait ces merveilles.

La confiance des populations chrétiennes avait un autre fondement. Dieu se cache à ceux qui sondent sa majesté ; mais il se révèle au cœur humble : jamais cette vérité ne fut mieux pratiquée qu'aux bonnes époques du moyen âge. En ce temps on parlait à Dieu comme à un père bien aimé, et ses réponses arrivaient aux simples de cœur : c'est ce qui explique l'invasion dans l'art des récits légendaires.

Ce n'est pas le lieu de rechercher et d'établir la valeur historique de ces récits : une plume savante accomplira bientôt ce travail. Nous voulons seulement constater en passant que les événements merveilleux de la vie des saints ont influencé l'art du xiiie siècle en le teignant de leurs poétiques reflets, et indiquer la part que le Limousin a fournie à la légende générale.

Cette part est immense. Au fond de chacune de nos vallées s'abritait un monastère érigé par un saint sur une tombe vénérée. Mille récits de vertus modestes et puissantes étaient racontés en ces solitudes, et prenaient place dans les monuments sous une forme matérielle. La vie du pieux fondateur se ciselait en relief, se peignait en émail sur son tombeau métallique. Malgré les destructions des reliquaires opérées, dans tous les âges, sous les inspirations de la cupidité, nous avons pu lire un assez grand nombre de légendes ainsi racontées aux illettrés par le burin de nos argentiers ou le pinceau de nos émailleurs et de nos verriers. Mais, obligé de nous en tenir à ce qui est caractéristique de chaque époque, nous les réservons pour un travail particulier. Qu'on nous permette d'en

donner un exemple, pris sur un petit reliquaire provenant sans
doute de la collégiale d'Aymoutiers.

Saint Psalmodius était un Ecossais dont le nom de famille est
demeuré inconnu. Filleul, et, à ce titre, disciple bien aimé de
saint Brandaines, il avait grandi dans l'amour de Dieu et des
saintes lettres, sous la conduite du pieux abbé, lorsqu'un événement
extraordinaire vint manifester la protection dont Dieu couvrait ce
bel adolescent. Psalmodius avait le goût du recueillement et des
longues méditations. Pendant que ses compagnons prenaient leurs
ébats, lui, tranquille et grave, s'asseyait au bord de la mer, et
considérait longuement l'immense nappe d'eau terminée par un
vaste horizon bleu, derrière lequel sa pensée devinait des horizons
plus lointains encore ; et il voguait sur cette mer à la recherche des
contrées étrangères dont le bruit était venu jusqu'à lui. A cet aspect
son esprit s'élevait jusqu'au Créateur, en présence duquel cette
nappe d'eau est comme une goutte de rosée. Un jour, assis sur un tas
d'herbes desséchées sous les feux d'un soleil ardent, Psalmodius
s'était endormi à la suite de sa méditation solitaire ; et la marée
montant entoura sa couche, et, la soulevant peu à peu, emporta
Psalmodius loin du rivage.

« Car les flots soulevèrent doucement le trousseau où il estoit
endormy, et luy, s'esveillant enfin au bruit des ondes qui l'avoient
assiégé de tous costéz, sans s'effrayer aucunement, flotta tout un
jour et toute une nuict sur cet élément impitoyable, chantant avec une
dévotion extraordinaire les louanges de ce Souverain qui fait aller
et venir les ondes de la mer comme il luy plaît. Mais enfin ces flots
se retirerent, et laisserent ce cher dépost sur le gravier ; et l'on a
fait bastir sur le lieu un oratoire dévot au lieu mesme ou le saint
garçon fut laissé. On remarque mesme que les malades et moribons
qui sont portez dans cette chapelle vivent toujours autant de temps
qu'il leur en faut pour disposer de leurs affaires et recevoir les
sacrements.

»....... Saint Psalmodius s'embarqua par un matin dans un
vaisseau qui faisoit voile en France, et, entrant en Guienne par
l'embouchure de la Charente, vint se rendre à Xaintes, qui est la
ville capitale de Xaintonge.

» Mais il est de la réputation des saints comme de la lumiere du
soleil : aussi est-il véritable que Jésus-Christ les compare à la
lumiere ; on void tous les jours que les rayons du soleil envoyent en
un moment leur clarté despuis le bord de l'horizon où il se leve

jusques aux dernieres extrémités du couchant. Il en prit de mesme
à notre saint. Il quittoit son païs natal où il estoit par trop connu,
et pensoit se venir cacher en France ; mais il trouva que sa
renommée l'avoit devancé. Car, s'estant présenté à saint Léonce, qui
estoit pour lors évesque de Xaintes, pour prendre sa bénédiction,
le saint prélat, qui estoit desia assez informé de son mérite, le reçut
avec grand honneur, et luy fit toutes les caresses qu'il croyoit estre
dues à un grand serviteur de Dieu. Et la Providence divine, qui
l'avoit mis sur le chandelier de son Eglise pour faire paroistre sa
vertu, permit que l'evesque ordonna secrettement à l'officier qui
donnoit à laver les mains de garder l'eaue de laquelle saint Psalmet
se seroit lavé. Elle fut doncques reservée sur le commandement de
saint Léonce, sans que le saint s'en apperceut, et, ayant esté donnée
à une bonne dame qui estoit aveugle depuis longues années, à peine
en eut-elle lavé les yeux qu'elle recouvra la vûe tout incontinent.

» Voilà donc notre saint pélerin bien loin de son compte par la
réputation de ce miracle, et de plusieurs autres qu'il fit en faveur
des malades et pauvres nécessiteux, qui accouroient à luy de toutes
parts pour être soulagés dans leurs miseres par son moyen, car cet
esclat le suivoit partout où il alloit. Mais, comme il travailloit pour
une fin plus relevée que n'est pas la gloire du monde, il se résolut
de quitter le Xaintonge, et se retirer dans quelque autre païs qui,
pour estre plus rude, ne seroit pas tant habité, et où par conséquent
il pourroit se cacher à son aise, et y vivre tout-à-fait inconneu.

» Il y a maintenant dans le Haut-Limousin une ancienne ville,
qui contient environ cinq à six cents feux, beaucoup plus renommée
par l'industrie et travail de ses habitants que par la fertilité du
terroir où elle est bastie. Car, comme elle est située sur le penchant
des montagnes qui commencent en cet endroit, la terre de soy stérile,
et exposée à la rigueur des vents septentrionaux, ne fait aucune
production que dans les lieux où elle est arrousée de la sueur des
bonnes gens qui la cultivent. Elle prend son nom d'un vieux chasteau
ruiné, basty autre-fois et occupé par un Sarrazin appelé Ahent. Le
roy qui le vainquit en bataille, pour marque de la victoire qu'il
avoit remportée sur cet infidèle, fit bastir auprès de cette forteresse
une belle église ou monstier, afin que je me serve du terme dont on a
assorty le nom de cette ville, qu'on y a basty du depuis ; elle porte
donc le nom d'Aënmonstier, du nom du Sarrasin vaincu, et de l'église
que le roy vainqueur basty en ce lieu. La forest qu'on appeloit
pour lors de Grijas n'estoit pas fort éloignée de ce lieu sombre,
obscur, et plus propre à loger des sangliers ou des loups que des

hommes, qui ne semblent estre nés que pour vivre en compagnie et en société. Ce fut donc dans l'espaisseur de ce bois sauvage où saint Psalmet trouva ce qu'il cherchoit avec tant d'estude dans les pélerinages, et ce fut là où il acheva le reste de ses jours, s'addonnant à toutes sortes de vertus. Il y avoit l'esprit tellement attaché à l'oraison qu'il passoit des journées entières, prenant le sujet ordinaire de ses contemplations des pseaumes du prophète royal, qu'il récitoit dévotement tous les jours. On dit mesme qu'on lui donna le nom de *Psalmodius* ou de *Psalmet* à cause de ces hymnes sacrées qu'il avoit à toute heure à la bouche aussi bien que dedans son cœur. Il y passoit les nuicts entieres dans ce saint exercice, s'entretenaut continuellement avec Dieu, avec les mesmes mouvements de dévotion que ressentoit ce saint prophète lorsqu'il les composoit.....

» Ce fut en ceste saison que, sur la réputation de sa sainteté et de ses miracles, on conduisit à sa cellule une jeune damoiselle fille d'un des plus grands seigneurs de Guienne. La légende le qualifie du nom de duc; elle avait esté mordue d'un vilain couleuvre, et personne ne doutoit qu'elle ne deut mourir de la morseure d'une beste si venimeuse; mais à peine eut-elle gousté de l'eau que saint Psalmet avoit bénite qu'elle fut entièrement guérie et remise en santé.

» Je n'aurois jamais fait si je voulois icy raconter par le menu tous les miracles que Dieu a faits par l'entremise de son S. serviteur; mais je ne saurois passer sous silence qu'un jour, un loup ayant tué l'asne duquel saint Psalmet se servoit pour porter sa provision de bois, le loup, faisant pénitence de son mesfait, alloit au bois, et portoit sur son dos la charge que l'asne avoit accoustumé de porter, au grant estonnement des spectateurs, qui estoient saisis d'admiration de voir que ceste beste, qui ne s'apprivoise quasi point, estoit si souple aux commandements de ce grand serviteur de Dieu.

» Enfin ce saint eut, dans cette solitude, tant d'importunitez à l'occasion de ces miracles qu'il se résolut de n'en faire plus, et il rendit enfin l'esprit dans cette sainte résolution.

» Mais, aprez que Dieu l'eut retiré de ce monde, il ne laissa pas de faire autant de merveilles comme devant; car, à peine se trouve-t-il personne qui l'ait réclamé dans sa nécessité qui n'en ait retiré du secours.

» Il semble mesme que Dieu l'ait voulu honorer particulierément, en ce qu'il ne souffre point qu'aucun corps mort soit introduit dans l'église par la mesme porte par où ses saintes reliques y furent portées; ce qui s'est religieusement observé de tout temps, à l'occasion de ce que certains téméraires, au préjudice de ce qu'ils devoient à ce grand serviteur de Dieu, voulans introduire par cette porte un corps mort qu'ils vouloient mettre en terre, à peine furent-ils sur le seuil de la porte qu'on vid la grand'voute de l'église se fendre d'un bout à l'autre, comme les menaçant de les écraser s'ils persistoient en leur témérité. La fente de la voute paroît encore aujourd'hui à la plus grande gloire de nostre saint (1) ».

Quatre tableaux, inspirés par cette légende, décorent la petite châsse qui nous occupe. Ils décoraient naguère un vitrail d'Aymoutiers aux trois quarts détruit. D'abord saint Psalmodius part d'Écosse emporté par les flots sur sa couche de verdure. Debout, plein de confiance, il dirige ses regards vers le ciel, où est son appui. L'onde le respecte, et à l'entour les poissons jouent dans la mer tranquille. Contrairement à la version adoptée par Collin, saint Psalmodius n'est plus enfant; sa barbe, assez longue, annonce l'âge de la maturité. Cette variante du récit paraît avoir été préférée par l'art, et, à un assez long intervalle, on retrouve dans la collégiale d'Aymoutiers saint Psalmodius représenté de la même manière sur les vitraux de la chapelle qui lui est consacrée (2).

Le saint bénit ensuite un personnage agenouillé à ses pieds. C'est sans doute un de ces nombreux malades qui dûrent la santé à son intercession. Plus loin le loup ravisseur, désormais docile et soumis, le dos chargé d'un lourd fardeau, accompagne le saint solitaire. C'est, avec les variantes nécessitées par les différences du récit, la répétition de deux scènes sculptées sur une clef de voûte et sur une console de l'abbaye de Jumiéges :

« Saint Philbert, fondateur de Jumiéges, le fut également du monastère de Pavilly, distant de quatre lieues du premier, et dont sainte Austreberthe devint la première abbesse. Cette pieuse femme, qui conserva jusqu'à la mort une vénération profonde pour saint Philbert, s'étant, ainsi que ses religieuses, chargée de blanchir le linge de la sacristie de Jumiéges, un âne auquel on confiait ordinairement ces effets avait coutume de les transporter, sans guide, d'un monastère à l'autre. Un jour il arriva que ce serviable animal fut étranglé par un loup malencontreux qui se trouva sur son chemin. La

---

(1) COLLIN, *Vies des saints du Limousin*, p. 185
(2) Ce vitrail est du xve siècle; il est placé, au-dessus de l'autel, dans la chapelle St-Psalmet.

2

sainte abbesse, étant à l'instant même survenue sur le lieu du massacre, chargea le loup du paquet du défunt, et lui ordonna de le porter à sa destination. Non-seulement le vorace habitant des forêts s'empressa d'obéir, mais il continua par la suite de s'acquitter des mêmes fonctions avec le zèle et la fidélité les plus exemplaires (1) ».

Enfin le corps de saint Psalmodius est déposé au tombeau par ses disciples attendris. A Soubrebost, à Mausac, à Chamberet, nous avons déjà trouvé des scènes figurées d'une manière peu différente.

A la suite de ces récits, les pieux agiographes qui nous les ont transmis, tels que Collin et Ribadaneira, se laissent aller à des réflexions où se révèle la simplicité d'un cœur plein de foi. En examinant sans passion les légendes ainsi figurées sur les monuments, nous avons éprouvé un besoin analogue. N'est-il pas vrai, bénin lecteur, qu'ils étaient bien candides, naïfs et doux les esprits auxquels s'adressait l'art traducteur de ces merveilles? Bien douces sans doute, et pures comme l'enfance, étaient les ames qui trouvaient bon goût à cette littérature et à cet art! Tout n'était donc pas mauvais en ces âges si peu connus, puisque les cœurs simples et confiants y étaient en majorité! L'étude des produits émaillés ne nous eût-elle appris que cette vérité, nous bénirions Dieu de nous en avoir donné la pensée et le goût.

La légende de saint Psalmodius peut donner une idée des vitraux consacrés à la vie des saints. La grâce simple et poétique de ces récits, la naïveté de l'exposition et des développements ne feraient pas comprendre l'inspiration élevée des vitraux théologiques.

Sur ces derniers, nous l'avons dit, tous les faits, toutes les figures des deux Testaments sont disposés par une science profonde. Le verrier a eu à traduire non plus une série d'actions chronologiquement distribuées, mais un cycle d'idées représentées par les événements bibliques. Ainsi, dans ces représentations, l'idéal, l'allégorie ou l'espérance se placent toujours au-dessous de la réalité qui leur sert de vêtement. Que la science de la religion devait être profonde en des temps où *les livres des illettrés* se paraient sans obscurité et sans ennui de ces leçons figurées de haute théologie!

Au sommet de la plupart de ces verrières, *Jésus-Christ*, voilé des

---

(1) M. H. Langlois, *Essai sur les Énervés de Jumiéges*, p. 15. — V. *la planche* II du même ouvrage.

formes apocalyptiques, bénit et accueille les élus entre les symboles des évangélistes. Dieu n'est-il pas la fin et le terme de tous les êtres intelligents? Nous retrouverons tout à l'heure ce sujet sur plusieurs vitraux de la cathédrale de Limoges. Les grandes verrières dont ces fragments faisaient partie ont été détruites. Mais Leviel, plus heureux que nous, a pu constater qu'elles reproduisaient des vitraux semblables, qui décoraient les églises de Bourges, de Chartres et de Tours. Force nous est bien de recourir à ces monuments pour décrire les richesses dont le temps nous a dépouillés. Au reste cet emprunt n'est pas forcé : nous avons, dans la chapelle de la Vierge et dans la chapelle Saint-Martial, les derniers mots des longues phrases que nous allons citer. La plume et le burin, également acérés, de M. l'abbé A. Martin nous seront en aide; nous lui empruntons la description des verrières représentant le cycle du bon Samaritain et le dessin d'un vitrail de Tours, que nous retrouvons en partie dans la cathédrale de Limoges. On ne trouvera pas mauvais ces emprunts faits au savant archéologue. Ils auraient besoin d'excuse si nous n'avions pris l'engagement de réunir, à notre description des vitraux limousins, des notions générales sur l'histoire de la peinture sur verre.

M. l'abbé Martin déclare d'abord que, « pour arriver à la compréhension des œuvres du moyen-âge, pour imprimer à notre exégèse le caractère voulu de la certitude scientifique, il n'est qu'une seule voie : faire marcher de front les monuments écrits et les monuments figurés, puisque la littérature n'est qu'une des formes de l'art, et que l'art tout entier d'une époque réalise le même idéal, réflète la même civilisation.

» Faisons une courte application de ce principe à la verrière de Bourges représentant le *bon Samaritain*.

» Cette verrière n'a rien de remarquable au point de vue architectural.

» Le système de son ossature, que j'appellerai son fenêtrage, est formé, au centre, de médaillons superposés, et, aux deux côtés, de médaillons semi-circulaires joints aux premiers par leur partie cintrée. Ceux-ci, bien qu'évidemment destinés à des sujets accessoires, présentent d'imposantes scènes qui semblent résumer en trois actes le drame de l'humanité. C'est, au sommet, d'un côté, la création du monde matériel, représentée par des étoiles d'or semées sur un fond d'azur, et par des fleurs vertes semées sur un fond de pourpre; et, vis-à-vis, la création du monde des intelligences, c'est-à-dire celle des anges, répondant aux étoiles du ciel; celle de l'homme, formé de quatre éléments, et répondant aux fleurs de la terre. Au-dessous, la naissance de la femme et la royauté des premiers humains sur la nature. On les voit introduits par Dieu dans le jardin des délices, où un arbre à tige élevée annonce la science orgueilleuse et le fruit de mort, près d'un autre arbre à humble tige, qui doit porter le fruit de vie; plus loin, tous les êtres vivants défilent devant leurs maîtres pour recevoir leurs noms comme des serviteurs soumis. Viennent ensuite la Tentation, la Séduction, le Crime; et les conséquences du crime, le Remords, réveillé par la voix divine, la Honte, qui se couvre et se cache; enfin, l'Exil, par la vallée des larmes.

» Ici commence un second acte. L'homme, empoisonné par la science du mal, a perdu celle du bien, et jusqu'au nom de son auteur. On voit Dieu le révélant à Moïse du haut d'un arbre embrâsé qui semble rappeler l'arbre de vie; révélation toutefois comme inutile pour le monde : témoin Aaron, qui reçoit en costume épiscopal les bagues et les bracelets des filles d'Israël, et les danses sacriléges de celles-ci autour du veau d'or. A cette vue, Moïse, désolé, brise les tables de la loi impuissante. Un troisième acte s'ouvre au bas de la verrière : Jésus répand son sang dans la flagellation, et meurt crucifié. Il est remarquable que sa croix a la couleur et la forme d'un arbre, et rappelle celui du groupe précédent, où Dieu révélait son nom, et celui du groupe supérieur, dont le chérubin avait rendu l'approche inaccessible aux hommes.

» Tels sont les accessoires du tableau; mais que signifie le sujet principal placé au centre, et quel rapport l'unit à ce qui l'entoure? Vous découvrez, dans la partie supérieure, une ville aux somptueux édifices. Un voyageur vient d'en sortir; et, à le voir les épaules courbées sous un faix, la tête languissamment penchée, la main appuyée sur un bâton, vous diriez un pauvre banni prenant le dur chemin de l'exil. Mais, si vous y prenez garde, à droite de la porte dont il vient de franchir le seuil se voit une autre porte plus brillante et que la croix couronne. Quelque chose vous dit que le pélerin qui commence le triste voyage pourra rentrer par celle-ci dans la cité bienheureuse. Plus bas le voyageur est aux prises avec des ennemis qui le percent de coups; un peu plus loin il est dépouillé par eux de tout ce qu'il possède : vous le voyez ensuite, couché, presque nu, couvert de plaies, prêt à mourir, tandis qu'un prêtre et un diacre, debout à ses côtés, semblent lui adresser les intempestives remontrances des amis de Job. Enfin, au bas de la verrière, l'infortuné est assis sur un cheval blanc; ses plaies sont bandées, et son bienfaiteur, tenant le cheval par la bride, s'approche d'un toit hospitalier, où il semble payer d'avance les soins réclamés par l'état du malade. Partout s'élève au-dessus de la tête du pélerin un arbre à trois tiges, où il serait difficile de ne pas entrevoir quelque rapport avec les trois arbres des scènes latérales.

» Le même sujet, traité toutefois avec moins d'ampleur, occupe une des magnifiques verrières de Chartres. L'histoire du pélerin remplit les médaillons inférieurs; les autres se bornent à reproduire les faits de la création et de la déchéance. La cathédrale de Rouen, dont les verrières antiques sont dues, comme on le sait, à l'école de peinture de Chartres, présente, au milieu d'un fenêtrage confus, et à travers une fastidieuse multitude de médaillons uniformes, l'histoire très-prolixe du voyageur sans le commentaire des faits accessoires. Des fragments nombreux m'ont fait conclure que le même sujet se trouvait représenté à la cathédrale d'Auxerre, mais, comme à Rouen, par quelque élève dégénéré des grandes écoles de l'époque de Philippe-Auguste. L'artiste ne comprenait déjà plus la puissance des formes simples, celle des contrastes entre les lignes et de l'harmonie dans les groupes qui signale les fenêtrages de l'ogival primitif; la végétation des bordures et des angles fleuronnés a déjà perdu l'éclat de son coloris, la grâce de ses mouvements; et, comme tout s'harmonise dans l'homme, par conséquent dans l'art, la pensée commence à ne retenir du symbolisme antérieur que l'écorce des faits sans l'âme qui leur donnait la vie.

» Une impression tout opposée m'a saisi en présence du même sujet représenté à Sens. Pour le dire en passant, les verrières de Sens, peu admirées, peu connues, et aussi fort mal entretenues, me semblent les chefs-d'œuvre de la peinture architecturale sur verre. Si le dessin de la figure y conserve encore des traces d'incorrection et de sécheresse, l'ornementation me semble y avoir atteint un degré de perfection que les arts n'obtiennent ordinairement qu'une fois et pour peu de temps dans l'histoire d'un peuple. Je me suis demandé si l'école qui florissait à Sens à la fin du xiie siècle ne serait pas due à ce prébendier, du nom de Guillaume, qui fut à cette époque appelé en Angleterre pour bâtir le chœur de Cantorbéry; et si son influence ne s'était pas fait sentir jusqu'à Salisbury, dont les admirables grisailles ont de frappants rapports avec celles de Sens.

» A Sens, au-dessous d'une cité forte, trois médaillons flanqués de chacun quatre autres présentent les trois phases de notre histoire symbolique et leur explication. Autour du voyageur blessé est décrite la chute du premier homme; autour de la scène du prêtre et du lévite, les grands événements de la loi, et, autour de l'entrée dans l'hôtellerie, le drame sanglant de la rédemption. Ailleurs on pouvait se méprendre : on comprend, par exemple, qu'à Rouen le docte Langlois, malgré sa perspicacité bien connue, n'ait vu, comme il nous l'avoue dans son histoire de la peinture sur verre, qu'une indéchiffrable énigme dans le personnage qui se montre à satiété en si piteux équipage. A Sens le doute n'est plus possible. La cité porte pour légende : *Civitas Hierusalem ;* le premier groupe : *Incidit in latrones;* le deuxième : *Homo ;* le troisième : *Peregrinus Samaritanus, stabularius.* Il est donc constant qu'il s'agit de la touchante parabole du bon Samaritain, où Jésus-Christ répond aux scribes que le prochain de celui qui souffre est celui qui en prend compassion ; que le prochain de l'homme est l'homme qui aime. Tel est le sens littéral compris d'ailleurs et largement exposé au moyen-âge : mais, derrière le sens littéral, toute l'antiquité chrétienne a vu dans l'Ecriture de sublimes allusions aux grands rapports établis entre Dieu et le monde, et la poésie comme l'enseignement devait s'attacher avec un spécial amour à ce point de vue allégorique où le dogme se revêtait de mystérieuses et populaires images. En effet les rapprochements que nous contemplons dans la peinture ne sont que des traductions fidèles des rapprochements que nous lisons dans tous nos auteurs.

» Pour les résumer ici en quelques mots, ces auteurs, et sans rien ajouter de moi, le voyageur de la parabole est Adam, le genre humain, l'homme. La cité qu'il abandonne est Jérusalem, la vision de paix, l'innocence, le bonheur. Il s'avance vers Jéricho, la ville de la défection, du mal. Les voleurs qu'il rencontre sont les anges pervers : c'est par le péché qu'il est blessé, et c'est de l'amitié de son Dieu qu'on le dépouille. Un souffle de vie lui est laissé, la raison l'éclaire encore ; puis passent le prêtre et le lévite : c'est l'institution incomplète et transitoire, l'impuissant ministère de la loi mosaïque. Car le monde était un grand malade auquel il fallait un grand médecin. Le bon Samaritain est Jésus-Christ, Jésus-Christ, éloigné de nous par ses grandeurs, mais notre prochain par son amour. Sa main bienfaisante touche les plaies du malade quand il reprend l'homme de ses fautes ; elle verse l'huile adoucissante quand il donne au désespoir l'espérance; elle verse le vin généreux quand ses menaces épouvantent le crime. Il reçoit le blessé sur sa monture alors que, souffrant et mourant pour les hommes, il assume sur lui la responsabilité de leurs œuvres. L'hôtellerie est l'église de la terre, où les voyageurs qui se rendent au ciel trouvent en passant asile et secours. C'est Jésus-Christ qui sert d'introducteur au malade, puisque c'est par sa foi et son baptême qu'on devient chrétien. Cependant, l'œuvre de charité accomplie, le bon Samaritain doit continuer sa route vers Jérusalem ; le monde sauvé, le Fils de Dieu doit retourner au ciel. Mais, avant de partir, il remettra deux deniers au maître d'hôtel pour subvenir aux besoins du blessé ; Jésus-Christ léguera à ses apôtres, avec les écritures des deux alliances, l'intelligence sûre de leur doctrine. L'arbre fatal qui avait perdu les habitants du paradis terrestre continuait d'empoisonner les passagers de l'exil ; mais l'arbre de vie se retrouve émondé sur le Calvaire.

> ..... Factor condolens
> Ipse lignum tunc notavit
> Damna ligni ut solveret....
> Crux fidelis inter omnes
> Arbor una nobilis...

» Et le chérubin courroucé n'en défend plus l'approche aux humains. Le sang du divin mourant vient de jaillir sur son front, comme on le voit à Sens et à Rouen, et, appaisé par la clémence infinie, il remet dans le fourreau son glaive éteint :

> Christi sanguis igneam
> Habetavit romphœam,
> Amotâ custodiâ.

» J'ai résumé, et en traduisant, la célèbre glose de l'école de Raban-Maur, saint Paulin, Fortunat, Henri de Parme, sainte Hildegarde, l'abbesse Herrade, Adam de Saint-Victor. Les développements nous entraîneraient bien loin. »

Aidés par ce résumé éloquent, nous pouvons maintenant nous faire une idée de la science qui inspira les auteurs des vitraux à légendes théologiques. Il nous semble qu'il faut y reconnaître deux caractères, deux qualités ordinairement antipathiques : le sens profond s'y pare des grâces riantes de la plus riche poésie. La composition des vitraux à légendes nous avait déjà été révélée dans l'étude des monuments consacrés à saint Psalmodius. Le lecteur peut donc se faire une idée du sens des vitraux et de ce que j'appellerai leur composition littéraire.

Quant à la composition matérielle, nous l'avons déjà résumée ainsi : une bordure de feuillages enlacés ou de galons perlés entoure une mosaïque formée de petites pièces de verre. Hauts de couleur, vigoureux de ton, ces fragments se font mutuellement valoir par une intelligente juxtaposition. Sur ce fond courent des dessins symétriques limités et formés par un simple trait noir appliqué sur le verre, et fortifiés par l'opacité des plombs.

Les petits tableaux sont ajustés sur cette mosaïque vigoureuse. Ils se distribuent symétriquement sur la verrière en sautoir, en échiquier, en losange; ils forment des cercles, des croix lancéolées; ils rayonnent comme des étoiles. Partout une armature de fer suit leurs contours et leur sert de cadre. Les anciens verriers avaient parfaitement compris que leurs tableaux, privés de ce repoussoir, seraient noyés dans la teinte éblouissante des fonds; pour le même motif, ils accusent tous les détails par un trait noir, et font servir le plomb au même usage.

La composition graphique n'est pas moins savante. Les vieux maîtres avaient appris, à l'école des anciens, que les représentations monumentales destinées à un effet lointain ou d'ensemble doivent se composer moins d'images complètes que de signes; ils voulaient arriver à l'intelligence par l'impression sensible, cette dernière demeurant le moyen, et non le but. De là l'absence de profondeur des plans, le nombre restreint des personnages, et la manière convention- nelle de figurer certains objets. Une forêt se représente toujours par quelques arbres, et encore un pinceau habile a émondé le feuillage luxuriant dont l'ombre nuirait à la tranquillité des lignes. Une ville se figure par la représentation des tours qui en gardent l'entrée. Enfin, pour augmenter la valeur monumentale du vitrail destiné à faire tapisserie, ils placent toutes leurs figures sur le même plan, et les disposent sur un fond monochrôme bleu.

Reste cette partie de la composition qu'on appelle le style, et qui a son expression dans les airs de tête, le mouvement des figures, l'agencement des draperies. Une réminiscence antique, épurée par le christianisme, rajeunie par l'enfance d'une civilisation nouvelle, s'y laisse promptement deviner. Les airs naïfs des visages, l'expression candide et simple des traits, y font oublier la sécheresse des contours, souvent négligés, et l'incorrection anatomique. Les plis, jetés avec une simplicité élégante, suivent le mouvement du corps sans le gêner. N'oublions pas, si nous trouvons les étoffes peu flottantes et le geste exagéré, qu'un mouvement plus vif aurait détruit le calme religieux de la pose, pendant qu'un geste plus mesuré aurait nui à la clarté de l'action. Les planches I et II contiennent des détails qui feront comprendre l'exécution des bordures, des fonds et des tableaux, de la mise en décors si j'ose ainsi parler; mais ces lignes noires ne diront rien de l'harmonie chaude et étincelante qu'elles ne sauraient traduire.

Levieil explique le nombre prodigieux, l'immense étendue des vitraux du xiiiᵉ siècle par l'emploi des dessins tracés sur papier ou sur parchemin, dessins dont le transport facilitait une exécution rapide en permettant de répondre aux demandes simultanées de cent églises. C'est ainsi qu'il explique la ressemblance de certains vitraux examinés par lui dans les cathédrales de Bourges, de Limoges, de Chartres et de Tours; la même raison expliquerait la permanence et la durée des styles. Plusieurs vitraux du xivᵉ siècle reproduisent les tons élevés et les motifs du xiiiᵉ; nous vérifierons tout à l'heure ce fait dans la cathédrale de Limoges. La lancette de la cathédrale de Tours que nous publions est un commencement de preuve (1); les figures supérieures se retrouvent à la même place dans la chapelle de la Sainte-Vierge à Limoges.

Les sujets figurés dans la partie centrale de ce vitrail se rapportent presque tous au sacrifice sanglant du Calvaire. Leur étude nous met en mesure de constater une curieuse similitude dans l'exécution des émaux opaques et des émaux translucides (2). La fraternité des deux arts est manifeste. Les émailleurs, comme les verriers, employaient des pâtes vitreuses colorées au moyen d'oxydes métalliques incorporés par la fusion à leur substance. Ils faisaient donc la même œuvre avec les mêmes matériaux; seulement l'émailleur éclairait ses compositions par la lumière réfléchie, et le verrier par la lumière réfractée. Suivons le développement parallèle des deux arts.

Si l'on compare les vitraux du xiiᵉ siècle et du xiiiᵉ siècle avec les émaux du même temps, on s'aperçoit bientôt de l'identité d'exécution. Les vitraux sont composés de pièces de verre colorées en table, et réunies par un réseau de plomb; chaque teinte plate sans modelé occupe un fragment limité par cette barrière métallique. Les émaux sont formés semblablement de teintes plates en verre coloré, réunies ou juxta-posées sur un excipient de cuivre, d'argent ou d'or par un réseau métallique. De part et d'autre un trait de métal dessine les contours, et limite les teintes diverses. Séparez l'émail incrusté de son fond de métal, vous aurez une verrière en couleur; ajustez votre vitrail sur un excipient de cuivre, vous aurez un émail incrusté. Il y a donc identité de procédés.

L'étude attentive que nous avons faite de l'orfévrerie émaillée du

(1) V. planche II.
(2) Nous demandons grâce pour ces répétitions trop nécessaires.

Limousin nous a fait reconnaître une ressemblance plus intime encore que celle qui ressort de l'emploi simultané des mêmes agents matériels. L'église de St–Viance (Corrèze) conserve une grande châsse en métal émaillé. La face postérieure de ce petit monument est enrichie de six tableaux en quatre–feuilles symétriquement distribués sur un fond de décoration. Ceux de la partie supérieure représentent au centre la *crucifixion* précédée et suivie de la *flagellation* et des *saintes femmes* au tombeau. On retrouvera sur ces curieux émaux les airs de tête, le système de plis, la pose, l'attitude et jusqu'au nombre des personnages retracés sur les vitraux contemporains. Ainsi, sur le tableau de la *crucifixion*, Jésus-Christ, attaché à la croix entre la sainte Vierge et saint Jean debout aux côtés de l'arbre sacré, meurt pour les péchés du monde. L'ancienne et la nouvelle loi, l'église triomphante et la synagogue aveuglée accompagnent les deux figures principales. Au pied de la croix un personnage nu, vu à mi–corps, élève ses mains vers le Sauveur. Ce mort qui ressuscite est Adam. Selon une tradition juive adoptée par un grand nombre de pères, le chef de la famille humaine était enseveli sur le Golgotha, au lieu où coula le sang de Jésus-Christ. La Providence l'avait voulu : le nouvel Adam devait ramener la vie au lieu où l'ancien Adam avait établi l'empire de la mort : *quoniam quidem per hominem mors et per hominem resurrectio mortuorum.* Il nous paraît inutile de poursuivre plus loin cette étude : la ressemblance de l'ordonnance frappera tous les lecteurs attentifs. Bientôt encore nous retrouverons les deux arts marchant comme de concert vers une transformation de même nature.

SECONDE PARTIE.

———

XIVᵉ ET XVᵉ SIÈCLE.

Si on devait les prendre à la lettre, les divisions chronologiques introduites dans l'étude de l'art ne seraient pas sans inconvénients. L'emploi des méthodes de classification, la mesure de durée attribuée à chaque grande influence artistique, ont pour base ce qui en représente la face la plus importante, ce qui en constitue le point culminant. C'est ainsi qu'on s'est habitué à dire les siècles de Périclès et de Léon X, quoique ces deux illustres personnages n'aient occupé qu'une petite part dans le siècle qui les vit naître. Dans l'ordre humain rien n'arrive, rien ne finit subitement : après les grandes influences, il y a une préparation et une décadence plus ou moins lentes, mais graduelles, dont l'étude attentive peut seule expliquer la succession des systèmes artistiques. Ainsi le commencement du xive siècle ne marque pas la fin de la méthode de vitrerie ancienne et la naissance spontanée d'un autre système : dès le xiiie siècle on pouvait reconnaître un élément nouveau introduit dans l'art; semblablement, au xive siècle, au milieu des influences nouvelles, on suit long-temps la trace du système précédemment adopté.

Dès le xiiie siècle des personnages de proportions colossales se dressent dans une niche architecturale à côté des légendes à petites figures. La même église reçoit des vitraux à tableaux multiples distribués sur une décoration, et, tout à côté, des personnages de grandes proportions se posent majestueusement dans une architecture figurée. En continuant ces deux systèmes le xive siècle abandonne progressivement le premier pour s'en tenir au second. Mais les traits noirs tracés à l'aide d'un oxyde de fer ou de cuivre, et qui, rehaussés de quelques teintes plates, faisaient tous les frais de la peinture, cessaient alors de suffire. Cette simplicité de dessin, pratiquée en de petites proportions, laissait au verre sa coloration étincelante; pratiquée en de grandes figures, elle se montrait avec tous ses défauts grossis en proportion directe de la dimension agrandie. Alors le trait devenait pesant; les formes sont lourdes; les visages, les draperies, paraissent plats comme la teinte qui les recouvre. Pour corriger ces défauts les verriers appelèrent à leur aide les ressources d'un modelé plus savant dû à l'emploi d'oxyde gris ou bistre appliqué selon toutes les ressources du dessin. Mais ces couleurs superficielles, tout en permettant de dégrader les lumières, de poser les ombres, de donner les clairs, en un mot de modeler en relief, diminuent la teinte franche du verre, et la salissent de leur ton terreux. Ainsi la science nuit à l'effet, et dès lors le dessin tend à se substituer à la couleur.

Pour la même raison, le verrier ne sait plus trouver dans le réseau de plomb qui unit les verres un moyen puissant d'augmenter la solidité du vitrage. Il désapprend à profiter du trait noir produit par l'opacité du métal pour accuser ses figures, et tracer des séparations vigoureuses et élégantes dans le champ éblouissant de la verrière. Ces lignes opaques, qu'il ne sait plus dissimuler en les faisant filer entre deux teintes différentes, le gênent. Il ne voit plus qu'un obstacle dans ce qui devait être un moyen; il cherche à s'en débarrasser au plus vite en créant de prétendus perfectionnements dans la fabrication du verre, en donnant à ces tables transparentes une surface beaucoup plus étendue.

La cathédrale de Limoges, commencée en 1273, était riche en vitraux de la seconde période. En rapprochant de l'inventaire détaillé de l'état actuel des lieux une description rapide de cet édifice écrite en 1680, nous pourrons mesurer toute l'étendue de nos pertes. Plusieurs de ces détails, en apparence étrangers au sujet que nous traitons, nous expliqueront les blasons épars sur ces verrières, blasons dont les recueils héraldiques n'ont pu nous donner la clef. Ainsi nous serons fixés en même temps sur les noms des donateurs et sur la date de ces vitraux. C'est à la fois la raison et l'excuse de cette longue citation :

« Tout est si rare et si bien ouvragé (dans cette église de St-Etienne) qu'on ne sçait à quoy donner l'advantage. Toutes les vitres y sont belles par excellence avec des figures et peintures : il y a deux roses trez-belles : l'une sur la grande porte, et l'autre de l'autre côté ; elles sont fermées par le devant de fer ouvragé par replis et cercles. Le chœur et les chapelles qui l'entourent en demy cercle font la principale partie de l'église ; proche la porte du chœur il y a un eaubénitier de marbre blanc, qui semble tout d'une piece ; et les armes de M. de Langeac, qui sont de vairs et de pals, y sont gravées au milieu aussi bien qu'au dehors. On dit qu'il fit encore cet enjolivement qui est à la façade du chœur, où il y a quantité de figures de saints et de saintes. Voicy le nombre des chapelles qui entourent tout le chœur :

Celle de Saint-Martial et Sainte-Valérie, qui est à l'entrée de la grande porte à main gauche. C'est cette chapelle où saint Martial célébroit la messe quand sainte Valérie souffrit le martyre, et luy vint faire homage de sa teste. Aprez cette chapelle est une grande porte de plusieurs rondeaux de fer, qui ouvre et ferme le chemin qui va tout à l'entour du chœur ; la deuxieme, qui est à main gauche ainsi que toutes les autres de ce chemin, est celle de Sainte-Marie-Madeleine ; la troisieme, en tirant plus avant, est de Saint-Jean-l'Evangéliste ; la quatrieme, de Saint-Pierre l'apostre ; la cinquieme est de Saint-Léonard et Saint-Léobon ; la sixieme, de Saint-Nicolas ; la septieme, de Saint-Thomas apostre ; la huitieme est la chapelle du Crucifix, qui dépend des vicaires ; la neuvieme, celle de Nostre-Dame, autrement des Trois-Roys, qui acheve la circonférence du chœur. En la septieme, de Saint-Thomas, est inhumé le vénérable patriarche L'Amy ; son mausolée est relevé au milieu de la chapelle. En la huitième, du Crucifix, il y a un sépulchre relevé de terre d'un diacre ou archidiacre revêtu de ses habits. En la neuvieme se void le sépulchre de Gerbert, évesque de Limoges, semblable à celuy du patriarche L'Amy.

» Le reste de la nef, qui commence à la sortie du chœur, et aboutit à la petite porte, est soustenu de quatre grands pilliers, qui se joignent l'un l'autre en arête, et forment des arcades : la premiere, qui est proche de la porte qui conduit au clocher, est plus haute que les deux autres des deux cotez de l'entrée de la nef. Il y a deux chapelles de chaque coté qui font que l'espace de l'entrée par cette petite porte est plus étroit que celuy de la grande qui va directement aboutir jusques aux orgues. Or, comptant les chapelles en entrant par la petite porte pour aller au chœur, la premiere est celle de *l'Ecce-Homo*, à cause qu'il y a à l'autel et dans la vitre la figure de *l'Ecce Homo* ; on y tient le pain qu'on donne en aumône le jour de la Cène. On la nomme aussi des Joviond, parce qu'ils y avoient leur sépulture. La seconde, qui luy est propre, est de Saint–Joseph, et se nomme communément de Thoüars, à cause de Jean du Peyrat, chanoine de Limoges, et doyen de Thoüars en Poitou, qui l'a fondée ou dottée. Aux vitres d'icelle il y a l'image de la Vierge tenant son fils, et, à son costé droit, saint Estienne avec un chanoine à genoux, habillé d'un habit religieux tirant sur le bleu, et ayant la coronne monachale, et l'aumusse au bras. Il y a aussi, tant à la même vitre qu'au tableau de l'autel, des chanoines dépeints avec la coronne et l'aumusse, et l'habit noir blaffard qui semble approcher du bleu. Ce qui est un témoignage de l'état de chanoines réguliers de St-Augustin qu'ils ont gardé et pratiqué durant plusieurs siècles.

» La premiere chapelle de l'autre côté, fondée par les Benoist, s'appelle Nostre–Dame–de–Lorette. Il y a, dans cette chapelle, le tombeau d'un de la famille. Aux vitres il y a trois figures : la premiere, comme d'un empereur avec l'épée en la droite, et un globe avec l'aigle sur l'épaule ; en la gauche, la coronne en teste, avec des fleurs de lys sur son habit, qui marque Charlemagne ; proche de luy est la figure d'un capitaine qui a une épée à la main et un lion aux pieds : c'est Pépin, à qui Dupleix attribue d'avoir tué un lion ; auprez de celuy–là étoit un autre capitaine avec le casque en tête ombragé d'un grand panache, et l'épée en main, et des fleurs de lys sur son habit : c'est Louis–le–Débonnaire. Et, comme ces trois rois ont concouru au bien et augmentation de cette église de Saint–Estienne, on a représenté là leur figure pour un mémorial éternel de leurs bienfaits. La seconde chapelle est de l'Ange–Gardien, et des Bastide, qui s'y font ensevelir : il y a dans la muraille un écriteau avec des vers latins que je n'ai voulu transcrire pour estre en trop grand nombre. Ils y furent apposés l'an 1546 pour honorer un de cette famille, qui est qualifié *summus presbyterorum, summus præcentorum.* Il a pour armes une tête de taureau en face ou en plein (1) ».

Dans l'état actuel de la cathédrale inachevée :

Quatre fenêtres éclairent les chapelles des bas-côtés ;

Vingt-quatre fenêtres sont ouvertes dans les chapelles qui rayonnent autour du chœur ;

Onze fenêtres, deux roses, deux tympans, sont percés dans le transept ;

La nef, composée seulement de deux travées, est ouverte sur chaque face entre les piliers ;

Treize vitraux éclairent le chœur ;

En tout soixante baies, formant une surface de vitrerie qui dépasse HUIT CENT CINQUANTE MÈTRES CARRÉS.

Voici l'état présent des lieux, et ce qui nous reste de tant de magnificences. Les vitres qui éclairent les chapelles des bas-côtés de la nef et du chœur, plus accessibles par leur position aux projectiles et aux coups, ont été détruites dans la partie inférieure. Il en est de même des hauts vitraux de la nef et du transept. Seule la rose du nord et la plus grande partie des vitraux du chœur (dix sur treize) ont été sauvées en entier. Malgré les mutilations, les parties conservées sont assez nombreuses pour nous permettre de rétablir le brillant ensemble dont elles firent partie.

Que le lecteur veuille bien nous accompagner dans l'examen plus détaillé que nous allons faire de ces verrières. Nous suivrons l'ordre descriptif adopté par le P. Bonaventure, en donnant aux chapelles, pour plus de clarté, leur nom ancien et leur nom moderne.

En pénétrant dans la cathédrale par la porte septentrionale ou porte St-Jean, la première chapelle qui se présente à gauche est l'ancienne chapelle St-Martial, aujourd'hui chapelle St-Fiacre. Cette chapelle, comme presque toutes celles des bas-côtés, n'a conservé que la partie de ses anciens vitraux placée dans l'amortissement ou tympan en ogive qui couronne la partie rectiligne de la baie. L'élévation, le cadre de pierre contourné en quatre-feuilles ou en trèfle, ont sauvé ces fragments des violences de toutes sortes et de

---

(1) Bonaventure de St-Amable, *Histoire de saint-Martial*, t. II, 233.

la protection des vitriers en blanc. En 1809 l'église cathédrale et toutes les églises de Limoges furent momentanément transformées en prisons : on y entassa des milliers de prisonniers espagnols. Pour donner passage à l'air et à la fumée, ces malheureux, atteints d'ailleurs de maladies contagieuses, pratiquèrent des trous nombreux dans les vitraux qui étaient à leur portée.

Les panneaux conservés dans la chapelle St-Martial appartiennent au commencement du XIVe siècle. Hauts de couleur, simples de dessin, ils représentent N.-S. J.-C. assis sur un trône et bénissant entre les symboles des évangélistes. Il tient un globe de la main gauche; sa droite bénit. Sa robe verte, frangée de jaune, est en partie recouverte d'un manteau pourpre. Quatre chandeliers sont à sa droite.

Viennent ensuite la chapelle de Ste-Marie-Madeleine, aujourd'hui de St-Maurice, et trois autres chapelles où nous n'avons rien de bien intéressant à examiner. Elles n'ont conservé que des débris de grisailles à ornements variés. Les figures en couleur qui s'ajustaient sur ce fond lumineux ont disparu.

La troisième de ces chapelles donne un système complet de décoration en style du XIVe siècle. Sur les murs qui la séparent des chapelles voisines sont figurées en relief des fenêtres ogivales avec leurs meneaux et leurs diverses subdivisions. Ces moulures, peintes et dorées, encadrent des peintures du XIVe siècle gaufrées sur les fonds. Elles représentent une riche architecture enveloppant des scènes de la Vie des saints. Au sommet de ces peintures est peint un écu armorié chargé d'un cygne.

Dans la septième chapelle, autrefois consacrée à saint Thomas, aujourd'hui à la sainte Vierge, nous retrouvons les plus anciens vitraux semblables d'aspect et d'exécution à ceux de la chapelle St-Martial. Comme ceux de cette dernière, ils comptent autant de pièces de verre que de teintes différentes. C'est l'exécution et le style du XIIIe siècle se maintenant dans les premières années du XIVe.

Le plan de cette chapelle ne se distingue pas du plan des autres. Elle forme un pentagone percé sur les trois faces orientales. Le tympan de la baie centrale a quatre subdivisions occupées par des sujets ajustés sur vigoureux fond bleu, sujets évidemment liés les uns aux autres dans la pensée du verrier. Au sommet, le Christ, assis sur un trône entre les symboles des évangélistes, tient un globe, et bénit. Son nimbe brun violet est coupé d'une croix de même nuance. Sa robe est verte, et son manteau rouge. Au-dessous siége encore le Christ, mais le Christ du jugement, voilé seulement d'un manteau vert. Il montre ses plaies sanglantes, inutiles aux méchants.

Près du souverain Juge, dans la subdivision de la même baie, à sa droite, un saint à large tonsure (saint Etienne) est vêtu d'une aube blanche que recouvre en partie une tunique rouge; il élève un livre vers le ciel. Sa main droite tient un disque blanc (serait-ce le pain eucharistique ou un des cailloux instruments de son martyre?) Dans la fenêtre gauche, trois subdivisions tréflées ont reçu trois anges vêtus de tuniques rouges et de manteaux bleus. Leurs mains portent des couronnes, et montrent les sujets placés au-dessous d'eux. A la fenêtre de droite un personnage tient le disque chargé de l'agneau. Ce sujet, obscurci par une crasse séculaire, ne se laisse pas facilement reconnaître.

La huitième chapelle, autrefois du Crucifix, dédiée présentement à saint Paul, n'a conservé que des grisailles. On n'a rien de plus curieux à étudier dans la chapelle suivante. Seulement la décoration vitrifiée y encadre un renseignement précieux. C'est un écusson du xive siècle : il porte *d'argent à trois lions (?) grimpants de gueules, deux et un*. Les verres découpés qui forment ces pièces héraldiques sont teints en masse, et n'ont conservé ou reçu aucun linéament superposé qui accuse leur forme.

Les vitres en grisaille conservées dans les deux chapelles qui forment la sacristie ont reçu un écusson *parti d'argent et d'or (?), chargé à dextre de six besans ou tourteaux de gueules, à senestre de six pièces d'échiquier d'azur.*

Les vitres de la chapelle de la paroisse qui succède aux précédentes n'ont sauvé que quelques débris d'une bordure en couleur.

Malgré la description assez détaillée du P. Bonaventure, il est fort difficile de reconnaître la place particulière occupée dans la nef par les chapelles des Jouvion, des Bastide, de l'Ecce-Homo, de N.-D. de Lorette. Les vitraux nous aideront peut-être à les déterminer. Dans la première chapelle située à gauche de la porte du clocher, chaque panneau ou jour de la vitre formé par les divisions verticales est occupé au sommet par un ange tenant un écusson *d'azur à une tête de taureau en face chargé d'un chevron d'or brochant sur le tout.* Evidemment ce sont les armes des Bastide, qui y furent placées, selon le P. Bonaventure, en 1516, ainsi qu'on l'a vu plus haut.

La chapelle contiguë, aujourd'hui chapelle du Naveix, serait la chapelle des Benoît. Les vitraux portent deux écussons : le premier, *d'azur aux six fleurs de lis d'or, 3, 2 et 1* ; le second, *d'or au chef de gueules chargé d'un dextrochère herminé d'argent, vêtu de même.* Ce sont les armes de Villiers de l'Isle-Adam ; elles nous donnent la date de ces peintures. Ce n'est pas le lieu de décrire les peintures du tympan. Nous ne mentionnons présentement que pour mémoire les anges jouant de divers instruments autour de Dieu couronné, vêtu d'une chape, et tenant le globe du monde. Ces représentations, appartenant évidemment au xvie siècle, auront leur description particulière plus tard. Elle se placera en son ordre avec la description des vitraux des deux chapelles parallèles et de la grande rose du portail nord.

Le chœur seul nous reste à inventorier et à décrire.

Sur les treize grandes vitres en couleur qui l'éclairaient, trois ont été presque entièrement détruites : elles étaient un don de la munificence inépuisable de Villiers de l'Isle-Adam. Les vitres sauvées sont de grisailles à nœuds et à bordures colorées. Leur partie inférieure est occupée par des niches figurées d'architecture en couleur, encadrant des figures colossales d'une teinte chaude et étincelante. Le système de décoration adopté par les verriers du xive siècle se reconstruit donc ainsi : les chapelles, toutes les baies inférieures, étaient vitrées de mosaïques à légendes. Toutes ces verrières, d'un ton chaud et sombre, étaient chargées de petits tableaux dont la position près de l'œil du spectateur permettait de saisir les mille détails. Les baies élevées donnaient passage à une lumière plus abondante, mais adoucie par la grisaille, la base de ces vitres demeurant haute de ton, grâce aux figures en couleur qui y étaient placées. Ces personnages, de grande dimension, étaient, comme le texte, le titre du sujet dont les vitres inférieures, beaucoup plus nombreuses, présentaient le développement. En haut resplendissaient les figures solennelles des saints, des prophètes et des apôtres, dont les témoignages et la vie se déroulaient en bas. Du centre et du sommet de l'édifice descendait un jour plus lumineux et adouci; en bas, les verrières, fortement colorées, teignaient de feux plus mystérieux les sombres détours des chapelles et des bas-côtés. Cette voix du Seigneur, dont la lumière est une image, descendait donc du sanctuaire : *Vox Domini à sancluario.*

Continuons l'examen interrompu des détails, en recueillant à chaque pas les observations piquantes que nous fournira une étude dont la minutie n'a pas besoin d'excuse.

Au premier coup d'œil toutes les niches paraissent différer de couleur et de ton. Les fonds sur lesquels se détachent les personnages, les draperies qui revêtent ces derniers sont aussi d'une variété agréable. Mais, quoique la symétrie paraisse absente, elle existe cependant dans la pondération soutenue du ton général. La variété elle-même a été produite par un artifice de composition : *le même carton a servi pour l'exécution de toutes les niches.* La coloration seule, habilement variée, tromperait même un œil exercé. Dix couleurs ou teintes ayant été appliquées sur les dais, sur les pinacles, sur les arcades en ogive, sur les clochetons et les mille autres détails de ces petits édifices, la combinaison successive de ces tons produit plus de vingt effets différents pour l'œil et fortement tranchés.

Nous allons faire le tour du sanctuaire en commençant par la partie septentrionale :

Première fenêtre. — Au nord, divisée en quatre jours par trois meneaux; hauteur, en y comprenant l'amortissement en ogive, 9 mètres; largeur, 3 mètres. Un vitrage blanc a remplacé la verrière en couleur. La partie ogivale seule a conservé des fragments de grisaille. Au-dessous on retrouve les armes, peintes sur verre, de Villiers de l'Isle-Adam.

Deuxième fenêtre. — Mêmes dimensions. Une grisaille l'occupe; elle est formée d'un réseau jaune clair encadrant des quatre-feuilles. Des nœuds ou roses de couleur occupent le centre de chaque panneau. La bordure est formée de feuillages jaunes et blancs semés sur fond pourpre. La moitié des deux jours du centre est occupée par deux niches en couleur. Deux apôtres y sont placés. Le premier a une robe violette et un manteau jaune doublé de vert. Il tient une sorte de glaive, et se détache sur un fond jaune. Le suivant, portant un bâton blanc et un livre relié en bleu, est vêtu d'une robe jaune et d'un manteau vert doublé de violet. Le fond de la niche est rouge. *Les parties blanches de la niche du premier sont jaunes sur l'autre, et vice versa.* La même alternance se remarque dans toutes les autres parties.

Troisième fenêtre. — Mêmes dimensions. Le système du champ est semblable, à une petite variante près : les quatre-feuilles enlacés dans le réseau à mailles losangées sont jaunes. Deux niches en couleur sont pareillement occupées par deux figures colossales. La première représente un apôtre au front chauve ombragé par une mèche de cheveux; il tient un glaive. Sa robe ou toge blanche, coupée de bandes jaunes, est en partie recouverte par un manteau rouge doublé de bleu clair; il se détache sur un fond bleu foncé. L'autre personnage est saint Jean-Baptiste. Sa barbe et sa chevelure sont longues et épaisses. Une longue tunique de fourrure, sur laquelle se drape un manteau bleu, l'enveloppe de la tête aux pieds : *ces derniers sont nus.* Il montre un disque blanc où est figuré l'agneau de l'Apocalypse tenant l'étendard de la résurrection.

Quatrième fenêtre. — Mêmes dimensions. Elle est remplie tout entière par une grisaille sans figures, à entrelacs, dans lesquels serpentent des branches de vigne et de lierre. La bordure est formée de *châteaux jaunes surmontés de trois tours*, et alternant avec des fragments de verre rouge. UNE GRISAILLE ENTIÈREMENT SEMBLABLE SE TROUVE DANS LA CATHÉDRALE DE BOURGES.

Cinquième fenêtre. — Cette baie et les cinq suivantes, percées dans les pans coupés dont la réunion forme l'apside, n'ont que deux jours, et par conséquent la moitié de la largeur des précédentes. Le fond général est en grisaille. Un réseau à mailles jaunes enlace des quatre-feuilles jaunes disposés sur fond blanc. Des rosaces de couleur égaient et réchauffent ce fond général.

Jusqu'à présent nous n'avons eu qu'à apprécier l'œuvre du XIVe siècle : ici une importante restauration du XVIe se présente à nous ; elle consiste dans des figures colossales dues à la libéralité de Villiers de l'Isle-Adam. Nous les décrirons quand nous aborderons le XVIe siècle ; les deux figures placées dans cette fenêtre représentent le Sauveur ressuscité et Moïse.

Sixième fenêtre. — Une grisaille à réseau rouge et bleu, et à nœuds de même couleur, enlace des fleurs de lis jaunes. Les deux figures placées dans des niches, dans la partie inférieure, représentent sainte Valérie et saint Martial.

Sainte Valérie est vêtue d'une robe pourpre et d'un manteau bleu doublé de blanc. Selon l'usage, elle tient entre ses mains sa tête tranchée, glorieusement couronnée d'un cercle d'or à fleurons. Saint Martial, vêtu de l'aube blanche que recouvrent en partie une tunique jaune, une chasuble rouge et le PALLIUM, tient une croix, et bénit. Au bas de son aube est ajusté l'*orfroi*, ornement carré, bordé de rouge et de bleu, sur lequel sont semés des quatre-feuilles alternativement jaunes et bleus. La figure du saint est une restauration du XVIe siècle : on le devine bien vite au ton inusité du verre et au modelé plein de finesse. Inutile d'ajouter qu'on retrouve en ce vitrail l'alternance de couleurs précédemment remarquée. Le fond de la niche de sainte Valérie est rouge ; le bleu a été réservé pour celle de saint Martial. Les feuilles de chou qui rampent le long des frontons sont bleues d'une part, rouges de l'autre. C'est par erreur que les magnifiques planches de l'histoire de la peinture sur verre de M. de Lasteyrie leur donnent la même couleur. Notons une autre distraction du dessinateur : il a vu sur l'orfroi de saint Martial des fleurs de lis d'or semées sur fond bleu.

Septième fenêtre. — La grisaille du fond est semée d'un réseau jaune pâle, dans lequel jouent des grappes de raisin. Les deux figures placées dans les niches du bas représentent l'*Annonciation*. L'ange tient une banderole sur laquelle on lit ces mots en caractères majuscules du xiiie siècle : *Ave Maria* (1) ; il est vêtu d'une robe rouge et d'un manteau vert. La partie inférieure de ce vitrail est remplie de débris confusément disposés. A la hauteur des pieds de l'ange le restaurateur moderne a placé une main. La Vierge a une robe blanche *semée de quatre-feuilles rouges très-pâles, peints en apprêt*. Son manteau est bleu. Cette grande figure est dans un état déplorable.

Huitième fenêtre. — Le champ est formé par des entrelacs rouges à nœuds bleus renfermant des fleurs de lis jaunes. Deux magnifiques peintures du xvie siècle ont remplacé, dans ce vitrail, les figures du xive siècle. Nous les décrirons en leur lieu.

Neuvième fenêtre. — Le réseau jaune encadre des fleurs jaunes à six pétales semées sur fond blanc. Deux magnifiques personnages placés sur ce champ sont encore une addition du xvie siècle.

Dixième fenêtre. — La grisaille qui remplit le champ entier est formée d'un réseau jaune pâle, lié de rouge et de bleu, enlaçant des feuilles à six lobes.

Onzième fenêtre. — Un réseau blanc enveloppe des feuilles jaunes. Les débris de deux niches en couleur occupent le bas de la verrière. Un apôtre tenant une grande clef s'y voit à mi-corps ; sa robe bleue et son manteau jaune tranchent habilement sur le fond vert.

Douzième fenêtre. — Des réseaux blancs enveloppent des fleurs blanches. Deux niches du xive siècle y enveloppent deux personnages du même temps. Le premier, vêtu d'une robe violette et d'un manteau jaune, s'ajuste sur fond bleu. L'autre est un apôtre tenant un livre relié en vert et un glaive ; sa robe est jaune, son manteau est vert sombre. Le bas de ce vitrail est dans un désordre affreux : on l'a rempli de débris en couleur appartenant à tous les âges. Des fragments d'inscriptions du xive siècle sont devenus illisibles par leur dispersion. On n'y reconnaît que ces syllabes TE.....SA.

Treizième fenêtre. — La vitre en couleur a été détruite presque en entier. On retrouve dans les débris conservés les armes de Villiers de l'Isle-Adam.

_____

(1) La paléographie ne connaît pas de formes plus précises et plus caractéristiques que celles des majuscules du xiiie siècle. Elles se reconnaissent tout de suite à leur tournure arrondie, à leurs traits qui bouclent et ferment les E, les N et les M. On ne doit pas être surpris de retrouver ces lettres élégantes employées au xive siècle ; leur présence est seulement un indice approximatif de la date de ce vitrail : il ne doit pas être postérieur à la première moitié du xive siècle.

Cet examen détaillé d'une vitrerie ancienne, dont les restes forment encore plus de cent quatre-vingts mètres carrés, va nous fournir des observations importantes. On peut les ranger sous deux chefs. Les unes ont trait à la technique; les autres, à la composition. Les premières concernent la science chimique; les dernières, la science décorative, la science de l'effet.

Nous avons vu que, au XIIe siècle et au XIIIe, les couleurs employées avaient presque toutes été incorporées par la fusion à la pâte vitreuse dont elles faisaient partie. Il y avait des verres bleus, des verres rouges ou verts; il n'y avait pas de couleurs de ces nuances applicables sur le verre. Le verrier était donc beaucoup plus mosaïste que peintre. A grand'peine avait-il recours, pour le trait des figures et le détail des ornements, à l'emploi d'un oxyde opaque, et, plus tard, d'une légère teinte bistrée. L'étude des vitraux de ce temps et du manuel de technique laissé par le moine Théophile ne dément pas ces assertions. Dans son livre il traite de la manière d'obtenir la coloration intime en feuilles au moyen de la recuisson (1); nulle part il ne s'agit de la coloration superficielle. Au chapitre XXI seulement il est question de couleurs destinées à faire ombre, et sur lesquelles la queue du pinceau doit enlever en clair des ornements variés : *Quo exsiccato, fac cum caudâ pincelli, juxta priores umbras quas feceras, subtiles tractus ex utrâque parte, ita ut inter hos tractus et priores umbras illius levis coloris subtiles tractus remaneant.*

Dès le XIVe siècle nous voyons les verriers de Limoges augmenter ces ressources par l'emploi de couleurs appliquées sur le verre. Le jaune des fleurs de lis et des ornements variés des vitraux de la cathédrale est un jaune d'application. La robe de la Vierge est semée de quatre-feuilles rouges peints sur le verre. Le verrier ignorait, il est vrai, l'emploi d'un fondant destiné à fixer la couleur, et à la rendre transparente : son rouge ne doit sa coloration, assez vague et indécise, qu'au peu d'épaisseur de la substance mise en œuvre. Mais ces tâtonnements sont eux-mêmes l'indice du désir d'étendre les ressources du peintre sur verre.

Notons un autre fait non moins important. Selon les procédés actuels de la science, la coloration en jaune du verre s'obtient principalement de deux manières : par l'emploi de l'antimoine ou de l'argent. Dans le premier cas la teinte est souvent sale, inégale,

---

(1) Voyez surtout les chapitres VII et VIII du livre second.

rousse et sentant la fumée ; dans le second, l'oxyde d'argent pénètre dans le verre sans laisser d'épaisseur à la surface, et le teint d'une manière vive et égale très-agréable à l'œil. En examinant les draperies et les nombreux ornements jaunes répandus dans les vitraux qui nous occupent, on est surpris de reconnaître la présence, pour ainsi dire parallèle, du jaune d'antimoine et du jaune d'argent. Certains verres ont été teintés en masse par le premier de ces métaux ; d'autres verres doivent au second leur coloration superficielle (1). Quel pas immense a été fait depuis le temps où Théophile comptait, pour obtenir le verre jaune ou pourpre, sur les hasards heureux d'une recuisson prolongée ! *Quòd si videris vas aliquod in croceum colorem mutari.... ; si verò perspexeris quòd se fortè vas aliquod in fulvum colorem convertat, qui carni similis est, hoc vitrum pro membranâ habeto.* (Lib. II, c. VII et VIII.)

Notons encore un fait curieux. Les Italiens, copiés en ce point par presque tous les auteurs qui se sont occupés de l'histoire de la peinture sur verre, font inventer la coloration en jaune au moyen de l'oxyde d'argent vers le milieu du xve siècle. On connaît le récit charmant qui explique cette découverte. Grand nombre de moines à cette époque pratiquaient l'art de la peinture sur verre. Un d'entre eux, simple frère de l'ordre de Saint-Dominique, le bienheureux Jacques L'Allemand, était occupé à recuire ses verres au feu de la moufle lorsqu'il reçut de son supérieur l'ordre d'aller à la quête. Placé entre l'art et le devoir, il choisit l'obéissance sans hésiter, et, au retour, lorsqu'il s'attendait à trouver tout gâté par un feu mal conduit, ses verres lui apparurent magnifiquement colorés en jaune, grâce à un bouton d'argent tombé par hasard dans le fourneau. Laissons à l'Italie la gloire pure de son héros, et constatons que, près d'un siècle auparavant, les verriers de Limoges pratiquaient la recette qui fut là-bas le prix d'une angélique obéissance.

En somme, au xive siècle, il y a un progrès incontestable dans les procédés de fabrication et de coloration du verre. Recherchons maintenant si la science de la décoration, si le côté idéal de l'art, se sont améliorés en même temps.

Le dessin s'améliore en apparence par la recherche, de plus en plus visible, des proportions et des formes naturelles, par la saillie d'un modelé de plus en plus fin ; mais en même temps les lignes se

---

(1) Nous devons la connaissance de ce fait du plus haut intérêt à l'amitié de M. Thévenot.

risent pour devenir tourmentées, les draperies se remplissent l'angles et de rudes contours, les airs de tête naïfs font place à la manière.

Au point de vue monumental les verriers du xive siècle ont bien les reproches à se faire : ils abusent de la grisaille, qu'ils prodiguent, et des tons clairs, qu'ils sèment partout. Cette couleur jaune, dont la teinte brillante fait *trou* dans les vitraux, est employée par eux avec une profusion fatigante pour le regard : ils ont oublié le sage conseil du verrier du xiie siècle, de Théophile : *Croceo vitro non multùm uteris.* Enfin, pour nous résumer, leur verrière commence à manquer l'harmonie, et la science qu'ils acquièrent chaque jour ne s'obtient qu'aux dépens de l'effet général.

Mais leurs vitraux, vus de près, gagnent tout ce qu'ils perdent à distance : c'était le contraire au xiiie siècle. Alors le trait rude des figures demandait, pour être supportable, les longues distances, les lointains aspects des grandes cathédrales : leurs vitraux étaient faits à un point de vue sévère, monumental. En descendant le xive siècle la théorie contraire apparaît de plus en plus. Les verriers semblent travailler pour des demeures étroites. C'est ainsi que trois vitraux de la fin du xive siècle, possédés par M. l'abbé Féret, chanoine, ont déjà une finesse de dessin très-agréable à l'œil. Ils représentent l'éducation de la Vierge, son couronnement dans le ciel et la mission des apôtres. Ces trois scènes sont enveloppées par une élégante architecture gothique.

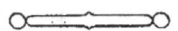

XVe SIÈCLE.

VITRAUX DE ST-MICHEL-DES-LIONS.

Le xive siècle fut une époque désastreuse pour le Limousin. Tour à tour assaillie par les partis français et anglais, opprimée par les vainqueurs, ravagée par les vaincus, cette malheureuse province ne goûta un repos durable qu'après l'expulsion définitive des Anglais, de la Guienne, en 1450. Alors, de toutes parts, on songea à relever les ruines faites par un siècle de guerres. Les édifices religieux se consolidèrent ou s'embellirent (1) : c'est ce qui explique le caractère de

_____

(1) Les témoignages historiques confirment ces données *à priori* de l'étude archéologique. Aimeri Chati de La Jaucha, évêque de Limoges, fait rétablir, en 1389,

leur architecture. Dans cette région, presque tous les édifices appartiennent au xiie siècle, mais le xve siècle les a restaurés et agrandis. Tout naturellement les plus nombreux vitraux étaient de cette dernière époque. Leur rareté relative se comprend à la vue du caractère de leur fabrication. Le temps n'était plus ou le *maître de l'œuvre* chargé de la construction d'un vaste cathédrale en combinait les diverses parties pour traduire une pensée commune ; où la vitrerie en couleurs se liait au système architectural pour en devenir la continuation ; où le peintre sur verre, en un mot, n'était que le très-humble serviteur de l'architecte.

Au xve siècle, le verrier se sépare du constructeur : ce n'est plus un simple décorateur ; c'est désormais un peintre préoccupé du besoin de donner à son œuvre la plus grande somme de valeur individuelle possible. Il en sera du monument ce qu'il pourra. A la distance où le regard saisit les détails, un modelé plein de finesse, une composition embellie de mille prétentions, une riante perspective, mille délicatesses d'un pinceau léger recréeront la vue ; mais ce sera aux dépens de l'ensemble. A tous les points de la perspective où l'œil ne perçoit qu'un effet général, le vitrail apparaîtra trop lumineux dans ses bordures, inégalement teinté dans ses fonds. La coloration, douteusement répartie, fatiguera par mille teintes incompréhensibles. Il semblera que la pluie, en battant la verrière, ait déteint ses couleurs pour les répandre et les laver selon les caprices des variations atmosphériques.

Ce défaut général sera accompagné de tous les défauts d'exécution qu'il suppose. Préoccupés du désir de dessiner exactement, les verriers abandonneront habituellement, pour les carnations, l'usage des verres teintés dans la masse. Pour cet effet, ils se contenteront d'un verre blanc que rehaussera le plus souvent un modelé gris. Soit désir de l'économie, soit recherche d'un milieu plus transparent, le verre destiné

---

le clocher de son église. En 1458, l'évêque Barton de Montbas ordonne de faire des *joas*, c'est-à-dire des piliers butants, à la cathédrale. Une ordonnance du même prélat datée de Bussière-Dunoise, prescrit, la même année, de rebâtir les églises de *Saint-Gervais-le-Pauvre*, *Chaillac*, *St-Priest* près Sainte-Anne, le chœur de *St-Cyr-sur-Gorre*. — En 1480, une autre ordonnance épiscopale enjoint aux ayant-droi. de rebâtir à neuf l'église de *Lagudet*, celles du *Bourgdeix*, de *Ste-Marie-de-Vaux* *Chabanais* et *Varerigne*. — En 1485, Jean Barton de Montbas neveu ordonn. de rebâtir les églises de *La Mazière* près Ventadour, *Saint-Marc-Alloubeau* *Flavignac* et *Saint-Mathieu*.

aux travaux de la recuisson a peu d'épaisseur, et les fondants abondent dans sa composition. L'emploi des couleurs d'application, en permettant de rapprocher plusieurs teintes sur le même morceau de verre, restreint le nombre des plombs, et augmente d'autant l'espace exposé aux chocs et à la percussion. Toutes ces causes, on le comprend, ne diminuent pas la fragilité d'une matière déjà si fragile; elles ont encore le triste résultat d'augmenter la froideur et la monotonie des visages. Comment des carnations pâles et blanches pourraient-elles harmonieusement être drapées de vêtements hauts de couleur? La teinte grise des chairs se retrouve d'ailleurs avec un ton identique sur les pinacles du dais qui abritent les personnages, sur l'architecture qui les encadre, sur les consoles qui les supportent. Tous ces tons clairs, rapprochés de ceux que produisent les nombreux ornements colorés en jaune, livrent passage à de larges rayons lumineux qui éblouissent le regard en détournant l'attention des sujets plus sombres : il en résulte un défaut d'harmonie peu favorable à la décoration.

Les plus anciens vitraux de cette époque conservés dans notre circonscription archéologique sont deux roses de l'église d'Augne (Haute-Vienne); elles représentent l'*Annonciation* et l'*Adoration des Mages*. Les verres teintés en masse ont été employés dans les fonds et les draperies; pour l'architecture et les carnations, il a été fait usage des couleurs d'application, couleurs déjà peu solides. En quelques endroits les oxydes métalliques qui ont servi à modeler les visages se sont couverts d'une crasse solide, qui rend le dessin confus en y ajoutant son opacité; enlevés ailleurs par l'action du temps, ils ont laissé au verre toute sa transparence primitive.

L'église de Saint-Michel-des-Lions, à Limoges, possède cinq vitraux un peu moins anciens. On peut hardiment, à l'inspection des costumes et du style, décider qu'ils sont de la fin du règne de Charles VII. Ils réunissent les défauts et les qualités de leur temps; leur composition a encore l'avantage d'être assez variée pour résumer les genres divers adoptés par le xve siècle.

La fenêtre occupée par le premier vitrail dont nous nous occuperons est percée à l'extrémité orientale du collatéral du nord. Elle est divisée en deux jours par un meneau. Cette colonnette, en se ramifiant dans le tympan, y forme un quatre-feuilles. Ses quatre lobes épanouis sont occupés par les évangélistes, représentés sous leur forme humaine, et écrivant dans des attitudes variées. Ces figures en grisaille sont disposées sur un fond damassé bleu ou violet. Au centre se montre la Trinité qu'ils ont manifestée sur la terre. Dieu le père, sous forme humaine, vêtu d'une robe rouge et d'un manteau bleu, tient son divin fils attaché à la croix. Le Saint-Esprit, sous la forme d'une colombe, va de l'un à l'autre. Ces figures, de petite proportion, sont placées au-dessus de deux niches d'architecture en grisaille à feuillages et à bordures d'or, selon un usage qu'il importe de constater pour éviter les redites. La composition de ce dernier sujet est ainsi disposée : une console architecturale supporte un personnage ; un dais ou pinacle en gothique fleuri le recouvre et l'abrite ; au fond de la niche formée par cette architecture est tendue une étoffe en couleur et damassée.

C'est la disposition de ce vitrail. Dans la première niche, à la gauche du spectateur, se tient saint Léonard, indiqué par une inscription à demi brisée en lettres gothiques ..ONARDUS. Le saint élève, de la main droite, les ceps, glorieux symbole de la protection dont il couvre les prisonniers. Son autre main supporte un livre relié en violet. Il est vêtu d'une aube blanche que recouvre une dalmatique verte à orfrois jaunes. Son nimbe est de cette dernière couleur. La draperie, de damas *rouge*, placée derrière le saint, au lieu d'être simplement attachée au dais de la niche, est supportée par un ange. L'autre niche est occupée par saint Michel, armé de pied en cap, et portant fièrement lance et bouclier. Il a passé sa cotte d'armes rouge par-dessus son armure. Son nimbe est vert. Derrière lui un ange aux ailes *rouges* laisse tomber une tenture *bleue*.

Ce vitrail prête matière à plusieurs observations. Nous remarquerons d'abord un déclin trop évident dans la composition idéale. Quel rapport direct et saisissable pour les spectateurs unit la Trinité à ces deux saints, et par quel renversement des lois de la perspective les figures les plus grandes sont-elles rapprochées de l'œil du spectateur aux dépens des sujets de petites proportions ? Nous blâmerons encore les girouettes peu élégantes et médiocrement originales qui surmontent tous les clochetons. Quant à la teinte grise et incolore des carnations, poussée à l'excès comme en ce vitrail, au lieu de transfigurer les visages, elle les transforme en spectres blafards. Faisons encore observer que, sur ce vitrail, la teinte des chairs est peu solidement fixée ; presque partout elle a plus ou moins souffert de l'action du temps. Les anges déroulant la tenture qui sert de repoussoir sont le produit d'une inspiration gracieuse et originale.

Le second vitrail est placé, à la suite du premier, au-dessus de l'autel dédié à saint Martial. Il est consacré à la vie de saint Jean-Baptiste ; le tympan en ogive, selon l'usage de ce temps, demeure occupé par un remplissage sans rapport avec le sujet principal.

Parlons d'abord de cette dernière composition. Au sommet, un trèfle ; un peu plus bas, deux quatre-feuilles remplissent l'amortissement de la baie. Dans la partie supérieure se montre la Trinité ; au-dessous, à gauche, les anges adorent la sainte Face ; à droite, ils entourent l'Agneau vainqueur, dont ils célèbrent le triomphe par un concert. Cette Trinité diffère de la précédente. Le Père et le Fils, sous forme humaine, sont assis sur des trônes ; la colombe symbolique les sépare. Une restauration de vitrier moderne a remplacé la tête du Fils de Dieu par une autre tête, empruntée sans doute à un vitrail détruit. La dimension extraordinaire de ce visage produit un effet étrange.

Au centre du quatre-feuilles de gauche était la tête du Sauveur, ceinte du nimbe crucifère. Il n'en reste que l'auréole et la chevelure. Le reste du visage a été remplacé par des débris en couleur *représentant des figures grimaçantes*. A l'entour, des anges en grisaille sur fond de couleur déroulent des phylactères ou rollets couverts d'inscriptions, qui expliquent le sujet : SALVE, S. FACIES. — IHU BONE. A droite, dans la composition symétrique représentant l'Agneau célébré par les anges, il faut noter la forme variée de leurs instruments de musique.

La partie carrée de la baie placée au-dessous est divisée en trois jours par deux meneaux. Les bandes horizontales de l'armature en fer subdivisent ces jours en vingt et un panneaux. Les deux rangs inférieurs, c'est-à-dire six panneaux sur vingt et un, sont aujourd'hui murés en briques.

Ces panneaux renferment un nombre semblable de petits tableaux représentant la vie de saint Jean-Baptiste. Les deux rangs de panneaux extérieurs ont une bordure formée de fleurs de lis d'or couronnées. Au panneau central, les fleurs de lis sont remplacées par des feuillages. Chaque tableau est enveloppé d'une niche d'architecture en grisaille, à feuillages et à moulures dorées. Aux deux jours extérieurs, cet encadrement a la forme d'un arc en accolade surbaissée. Au jour central, il est formé de trois arcades égales et juxta-posées. Tous ces panneaux sont eux-mêmes enveloppés dans un cadre plus grand d'architecture, terminé par des clochetons où sont nichées des figures de prophètes en grisaille.

Les noms de plusieurs sont inscrits sur des phylactères : AMON *(sic)*, MICHEE, DANIEL, JOHANAS *(sic)*, ELISEUS. Ce parti pris d'enfermer les scènes dans un intérieur est tellement persévérant que, dans la représentation du baptême de Notre-Seigneur, la scène, placée au bord du Jourdain conformément au récit évangélique, est enveloppée par une courtine damassée suspendue à une voûte gothique.

Les petits tableaux sont distribués dans cet ordre :

1	2	3
4	5	6
7	8	9
10	11	12
13	14	15

PREMIER PANNEAU. — *Trois personnages.* — Pendant que Zacharie, vêtu d'une chape, encense l'autel dans le saint des saints, un ange lui apparaît, et lui prédit la naissance miraculeuse de saint Jean.

2. — *Quatre personnages.* — Zacharie est frappé de mutisme. Ses parents lui parlent par signes.

3. — *Deux personnages.* — La sainte Vierge visite sainte Elisabeth. Marie relève sa cousine, qui s'est agenouillée devant elle. Il faut admirer la grâce exquise et modeste de ces deux figures. Par-dessus la tenture on aperçoit la campagne.

4. — *Six personnages.* — Saint Jean vient de naître. Sur le devant de l'appartement, une suivante lave le nouveau né dans un bassin porté par un escabeau. Sainte Elisabeth couchée sur un lit recouvert par une magnifique couverture cramoisie, qui laisse à nu la partie supérieure du corps. Aux pieds du lit, Zacharie regarde avec tendresse son épouse, à laquelle une suivante présente une boisson qu'elle vient de goûter avec une cuiller. Rien de plus naïf que ce petit tableau.

5. — *Quatre personnages.* — Zacharie, interrogé par ses parents sur le nom qu'il veut donner à son fils, l'écrit sur un rouleau de parchemin.

6. — *Quatre personnages.* — Le grand-prêtre, vêtu de l'aube, de l'étole, de la chape et de la mitre comme un évêque de la loi nouvelle, procède avec un attendrissement visible à la cérémonie légale de la circoncision. Cette représentation est par trop naïve.

7. — *Sept personnages.* — Saint Jean baptise dans le Jourdain les gens qui viennent à lui. Malgré la difficulté d'enfermer convenablement cette scène champêtre dans un intérieur, la partie architecturale se maintient. La voûte de la niche recouvre la scène; une courtine damassée est tendue à l'entour des personnages.

8. — *Trois personnages.* — N.-S., servi par un ange, est baptisé

par saint Jean. Il faut, pour ce tableau, répéter l'observation précédente.

9. — *Cinq personnages.* — N.-S. marche dans le temple devant saint Jean, vêtu d'une robe de peau, et portant une banderole sur laquelle on lit : *Ecce agnus Dei.* Il faut admirer l'élégance simple de la draperie du Sauveur et la grâce facile avec laquelle il relève sa robe violette.

10. — *Huit personnages.* — Saint Jean prêche dans le désert. Le contraste entre les pharisiens superbes aux magnifiques vêtements et la foule pauvre et attentive est parfaitement marqué. Les pharisiens debout discutent avec saint Jean; la foule recueillie et assise prête l'oreille aux paroles du précurseur. L'agneau symbolique, nimbé, se dresse sur ses pattes de derrière, et paraît vouloir sauter au cou de saint Jean.

11. — *Sept personnages.* — Des personnages richement vêtus, et à cheval, vont trouver saint Jean :... *Quid existis videre* (1) ?

12. — *Quatre personnages.* — Saint Jean reproche à Hérode son inconduite.

13. — *Trois personnages.* — Saint Jean est poussé dans une prison qui a la forme d'un château gothique. Cette scène, bien que se passant en plein air, est enfermée dans une niche architecturale.

14. — *Sept personnages.* — Hérode donne le festin où Hérodiade demanda la mort du précurseur. A leurs vêtements somptueux et entr'ouverts, il est facile de reconnaître Salomé et sa mère. Pourquoi, à l'insu du verrier, la modestie a-t-elle laissé son empreinte sur ces visages qui devraient réfléter le vice?

15. — *Cinq personnages.* — Un soldat va trancher la tête du saint précurseur à la porte de la prison que nous avons déjà entrevue. Salomé assiste à la décollation, toute prête à recevoir le prix de son impudicité.

Nous donnerons nos observations sur ce vitrail à la suite de la description de celui qui est consacré à la sainte Vierge.

Ce dernier fait pendant au précédent: il est placé à l'extrémité du collatéral sud, au-dessus de l'autel dédié à saint Loup.

L'amortissement gothique de cette fenêtre est occupé par la

---

(1) Nous donnons une figure de St Jean, empruntée à ce vitrail. (V. pl. III.) Le dessin reproduit fidèlement le trait et le plomb; quant au modelé et à l'effet piquant résultant des effets de lumière *enlevés en clair,* une lithographie à la plume ne pouvait avoir la prétention de les traduire.

Transfiguration. Au lobe supérieur, le Fils de Dieu tient un globe et bénit; sa face est d'un rouge de feu. A ses côtés se tiennent Moïse et Elie. Au-dessous, dans les lobes inférieurs, les apôtres, renversés sur le dos, se voilent la face, éblouis qu'ils sont par des rayons de lumière descendus sur eux du haut des cieux.

Le reste du vitrail est consacré à la vie de la sainte Vierge. Elle s'y déroulait en vingt et un tableaux. La partie inférieure de la verrière ayant été murée sur une hauteur de deux panneaux, cette destruction réduit à quinze le nombre des tableaux conservés.

Un cadre d'architecture en grisaille, à ornements jaunes, enferme chaque tableau. Dans les deux jours extérieurs ce cadre est formé par une ogive en accolade surbaissée; au centre il se compose d'arcs en anse de panier. Toute cette verrière est dans un désordre affreux. Les tableaux, au lieu d'être distribués selon l'ordre chronologique, en des lignes verticales ou horizontales se faisant suite, occupent les places suivantes :

1	8	15
13	12	9
7	11	10
2	5	6
4	0	3

1. LA PRÉSENTATION AU TEMPLE. — *Six personnages*. — Marie est reçue sur le seuil de cet édifice par le grand-prêtre, environné de ses lévites.

2. L'ANNONCIATION. — *Deux personnages*. — L'ange et Marie sont agenouillés aux deux côtés d'un prie-dieu. La peinture de la figure de la Vierge ayant complétement disparu, le verre est demeuré blanc et incolore.

3. TRAVAIL DE LA VIERGE. — *Cinq personnages*. — Marie est occupée à tisser une étoffe; de petits anges, répandus dans l'air autour d'elle, jouent de divers instruments. Cette scène est charmante.

4. MARIAGE DE LA SAINTE VIERGE. — *Huit personnages*. — Il faut noter dans ce petit tableau la modestie de Marie et la simplicité de son costume. Saint Joseph au contraire a une robe blanche magnifiquement brochée en or. Il passe un anneau au doigt de la sainte Vierge.

5. VISITATION DE LA SAINTE VIERGE. — *Trois personnages*. — La Vierge, dans l'attitude la plus simple et la plus gracieuse, ayant ses

londs cheveux flottants, embrasse tendrement sa cousine. Les deux
saintes sont debout. On peut comparer la composition de ce tableau à
celle du même sujet figurée sur le vitrail St-Jean, panneau n° 3.

6. NAISSANCE DU SAUVEUR. — *Trois personnages*. — Saint Joseph et
la sainte Vierge adorent l'enfant Jésus. Dans un livre de prières dont
nous publions la miniature, la Vierge est figurée, posée et vêtue comme
sur ce vitrail.

7. ANNONCIATION AUX BERGERS. — *Quatre personnages*. — Les bergers
sont vêtus de surtouts de couleurs variées, taillés comme nos blouses
modernes. Une aumusse à capuchon couvre leur cou et leur chef. Leur
haut-de-chausses collant s'arrête à la hauteur du genou. Sur le rollet
tenu par les anges on lit les mots par lesquels le mystère de
l'incarnation fut révélé aux pasteurs : GLORIA IN EXCELSIS DEO.

8. CIRCONCISION. — *Huit personnages*. — Cette scène est figurée
d'une manière très-naïve. La Vierge a un manteau bleu qui recouvre
une robe bleue.

9. PURIFICATION. — *Sept personnages*. — La Vierge, vêtue d'une
robe bleue et d'un manteau d'argent damassé d'or, présente au
grand-prêtre l'enfant Jésus vêtu d'une robe violette. Derrière la
sainte Vierge se tient une suivante charmante à cheveux flottants,
qui porte un livre et un panier où sont les deux colombes destinées
au sacrifice.

10. ADORATION DES MAGES. — *Six personnages*. — Un des rois
orientaux est vêtu d'un magnifique surcot de velours violet bordé de
fourrures.

11. SONGE DE SAINT JOSEPH. — *Deux personnages*. — Il est couché
sur un lit ; un ange lui apparaît, et l'avertit des périls qui menacent
le divin Enfant.

12. FUITE EN ÉGYPTE. — *Quatre personnages*. — Ce sujet présente
de frappants rapports de ressemblance avec le même sujet sculpté au
XIVe siècle au pourtour du chœur de N.-D. de Paris : il faut, encore
une fois, remarquer avec quelle insistance le peintre sur verre
maintient son parti pris du cadre architectural : *l'âne porteur de
la Vierge et du divin Enfant marche, dans une magnifique salle
gothique, sur un pavé de carreaux alternativement noirs et jaunes*.
Un bœuf est au dernier plan.

13. MASSACRE DES INNOCENTS. — *Neuf personnages*. — Hérode
préside à l'exécution de ses ordres cruels. Au premier plan, une mère
éplorée s'est précipitée aux genoux d'un soldat qui va égorger son
fils. Cette figure a une grâce exquise. La mère porte une coiffure

semblable à celle des sœurs de charité, coiffure assez commune au xv⁰ siècle (1).

14. COURONNEMENT DE LA VIERGE. — *Quatre figures.* — Le Père et le Fils, assis sur des trônes, posent une couronne sur la tête de Marie, agenouillée au milieu d'eux. Le Fils, à la gauche du spectateur, tient un globe; le Père porte un livre.

0. — Ce panneau est masqué par la boiserie de l'autel.

Le cadre général d'architecture, qui embrasse et relie tous les cadres particuliers, est terminé par des clochetons que décorent des statuettes représentant Eve. La mère du genre humain, entièrement nue, se voile de la feuille de figuier, et tient le fruit si fatal à sa postérité. C'est une manière ingénieuse de rappeler que Marie est la seconde Eve, destinée, dès l'origine, à réparer les maux causés par l'Eve primitive.

Trois autres vitraux en couleur se remarquent dans la même église. Ils sont plus qu'à moitié détruits. Dans celui qui est percé, au-dessus de la porte du nord, les lobes du tympan ont seuls été sauvés. Trois subdivisions représentent l'*Annonciation.* L'ange et Marie sont agenouillés dans deux trèfles juxta-posés. Au sommet se montre Dieu le Père et la symbolique Colombe.

Deux autres verrières éclairent la sacristie; leur exécution, fort lâchée, sent la fabrique et la pacotille. Les images de saint Pierre et de saint Paul, Notre-Seigneur, au milieu des symboles des évangélistes, se retrouvent dans ces débris en désordre.

A la vue des bordures colorées qui, dans les vitraux consacrés à la sainte Vierge et à saint Jean, rampent le long des meneaux, nous avions conjecturé que ces vitraux avaient été restaurés et remaniés au xvi⁰ siècle. Un examen plus détaillé ne permettra pas d'en douter. Nous avons fait remarquer que le vitrail consacré à la sainte Vierge est divisé en trois jours par deux meneaux; que les cadres d'architecture des jours extérieurs diffèrent du cadre central; enfin nous avons noté le désordre dans lequel se trouvent les petits tableaux; désordre tel que presque partout la succession chronologique des faits est grossièrement intervertie. Or ce désordre dans la distribution historique n'existe pas dans l'ajustage : les lignes de l'architecture de

---

(1) V. les figures 48, 71, 72 et 77 de l'ouvrage de Langlois sur les stalles de la cathédrale de Rouen. Nous reproduisons les figures 77 et 71. *(V. notre planche.)* Ces stalles ont été exécutées de 1457 à 1469 : c'est à peu près la date des vitraux de Saint-Michel.

chaque panneau se raccordent parfaitement avec les lignes du panneau qui le précède et du panneau qui le suit. Peut-on trouver dans ce fait autre chose que la preuve d'une restauration peu intelligente?

Cette restauration ne serait pas moins digne de blâme au point de vue de la solidité. Deux rangs de panneaux du vitrail de la sainte Vierge se sont affaissés sous leur propre poids; et, si on n'y prend garde, au premier vent violent du sud-est, il faudra déplorer leur chute et leur destruction. Les plombs oxydés réclament d'ailleurs une restauration de plus en plus nécessaire. Si la fabrique de l'église St-Michel est hors d'état de faire face à cette dépense considérable, la ville de Limoges trouvera sans doute dans son budget les ressources nécessaires pour y pourvoir. C'est pour elle un droit et un devoir de veiller à la conservation des œuvres qui témoignent de sa gloire dans le passé.

Les petits personnages représentés sur ces vitraux, au nombre de deux cent sept, se distinguent par un caractère particulier des personnages figurés en verre au xiiie siècle et au xive, qui ont été précédemment l'objet de nos études. Ce qu'on appelle aujourd'hui la couleur locale paraît presque toujours absent des vitraux primitifs. Pénétrés de l'éternelle durée de leur foi, destinée à survivre à toutes les révolutions humaines, les verriers, comme les autres artistes, ne pouvaient s'imaginer que la forme extérieure de la société eût changé. Grâce à son union avec l'élément éternel, tout leur semblait devoir être immuable dans une société composée cependant de formes passagères. Ainsi s'explique la physionomie gothique imprimée par eux à toutes les civilisations antérieures.

Au xve siècle, la science commence à se faire place aux dépens de cette confiance, qui en serait l'alliée si douce et si puissante. Sans doute le temple de Jérusalem se figure encore en style flamboyant; le grand-prêtre de l'ancienne loi se chape et se mitre comme un évêque de la loi nouvelle; mais un costume conventionnel est déjà adopté pour les personnages sacrés : N.-S. et les apôtres se revêtiront désormais, pour ne les plus quitter, de la toge et du manteau de tradition romaine.

Examinées en détail, les verrières de St-Michel justifient toutes les observations que nous avons faites sur l'art du xve siècle. Les petits tableaux, étudiés de près, ont souvent une finesse de dessin, une grâce de sentiment et de composition qui rappellent les peintures de la naissante école allemande. On peut, il est vrai, trouver de la prétention et de la gaucherie dans certaines attitudes; on peut blâmer le coloris trop uniformément gris des visages et le peu de solidité de la peinture d'apprêt; mais ce ne serait pas le reproche qui nous paraîtrait le plus grave ni le mieux mérité.

Vus à distance, toutes ces petites compositions, tous ces petits personnages, symétriquement distribués par groupes sur un fond gris, se perdent dans ce cadre trop lumineux. Cette alternance équilibrée des tons qui fait le charme des verrières du XIIIᵉ siècle ne produit ici qu'une confusion fatigante, et, selon la piquante expression de M. Mérimée, *les compositions peintes sur ces fenêtres ressemblent de loin à un jeu de cartes étalé sur une table* (1) : tant il est vrai que, pour atteindre son but, l'art doit obéir à une loi supérieure à celle de la perfection des détails!

VITRAUX DE SOLIGNAC.

La magnifique église byzantine de Solignac ne fut pas épargnée pendant les guerres de la domination anglaise; mais la Providence lui réservait un abbé qui devait réparer ses désastres : nous voulons parler de Martial Bony de Lavergne, prieur d'Anesde, nommé à cette abbaye en 1456. Les voûtes découvertes, les vitraux brisés, le pavé défoncé, appelaient des réparations urgentes. Sa générosité y pourvut. Par ses soins, le chœur s'enrichit d'une boiserie de chêne admirablement sculptée (2); les fenêtres reçurent une clôture historiée en couleur : tous ces embellissements furent exécutés, pendant son administration, de 1456 à 1484.

Il y a trente ans, toutes les fenêtres étaient encore ornées de vitraux à demi brisés par la révolution; mais l'entretien et la restauration de cette vitrerie dépassaient les ressources d'une commune rurale; d'ailleurs les fourneaux dédaignés des peintres verriers s'étaient éteints au milieu de l'indifférence pour leur art qui caractérisait cette époque... Les vitraux de Solignac sont tombés pièce à pièce : il n'en reste aujourd'hui en place que dix panneaux, représentant quatorze personnages. Ces débris eux-mêmes sont en désordre,

_____

(1) *Notes d'un voyage en Auvergne et en Limousin*, p. 95.

(2) Nous parlerons ailleurs de ces stalles magnifiques à l'occasion des sujets, en apparence bizarres, qui décorent leurs accotoirs et leurs miséricordes.

et vont périr au premier jour si l'administration ne vient au secours de cette église par une généreuse allocation (1).

La générosité de Bony de Lavergne méritait un meilleur avenir : son peintre verrier ne fut pas moins habile que son sculpteur. Des subdivisions gothiques figurées dans les fenêtres à plein cintre du monument byzantin reçurent des figures de saints isolées, superposées ou groupées deux à deux. Ces petits personnages, d'un ton de couleur vif et doux, sont finement exécutés : la carnation est assez heureusement teintée. On distingue les figures de saint Martial, patron du donateur ; de saint Austriclinien et de saint Louis, indiqués par des inscriptions. Les armes de France réduites, *d'azur à trois fleurs de lis d'or*, y brillent à côté de celles de l'abbé Bony, *de gueules à trois anels ou cercles d'or, deux et un*. Le même écusson se retrouve sur la boiserie du chœur.

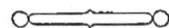

VITRAUX D'AYMOUTIERS.

L'ancienne église collégiale, aujourd'hui paroissiale, d'Aymoutiers est irrégulièrement formée de parties de diverses époques. L'extrémité occidentale de la nef et la base du clocher sont d'un style roman fort simple. Des piliers carrés, cantonnés de pilastres plats à simples corniches sans moulures, supportent les arcs doubleaux qui coupent, de travée en travée, la voûte en berceau. Le transept faisant suite à cette partie est moins ancien. Aux bases formées de tores aplatis, aux chapiteaux à crochets de la porte ogivale, aux arcs doubleaux bordés de moulures arrondies, aux nervures cylindriques de la voûte, il est facile de reconnaître le XIIIe siècle. Sa main n'est pas moins apparente dans les compartiments réguliers de la rose du portail nord.

Viennent ensuite trois nefs ou plutôt trois apsides parallèles, circulairement terminées à l'est. Celle du centre, plus longue, plus large et plus élevée que les autres, forme le chœur ; les deux autres forment deux chapelles : c'est dans cette partie de l'édifice que sont

---

(1) La *commune* de Solignac forme deux *paroisses* ayant chacune son église. Les conseillers municipaux, presque tous étrangers à la petite ville de Solignac, donnent la préférence, dans leurs votes et leurs allocations, à leur église paroissiale du Vigen. D'autre part les ressources de la fabrique de la *paroisse* de Solignac sont plus qu'absorbées par l'entretien de la toiture de leur église, toiture dont la surface a plus de *trois mille cinq cents mètres carrés* de développement !

placés presque tous les vitraux que nous allons décrire. A la forme de leurs ornements, qui suivent exactement le contour du cadre de pierre, on reconnaît sur-le-champ qu'ils sont postérieurs à la partie de l'édifice qu'ils décorent : essayons de déterminer leur âge.

Un document authentique va nous fixer sur la date de cette partie de l'église. Une bulle de Sixte IV invite les fidèles à faire des aumônes pour l'entier achèvement de cet édifice, détruit par les ennemis de l'Etat ; elle loue la libéralité de Louis XI, roi de France, et du duc de Nemours, dont les offrandes récentes ont facilité son rétablissement. Cet acte est à la date du 9 des kalendes de septembre 1475. Les vitraux, n'étant pas antérieurs aux baies dont ils forment la clôture, sont donc postérieurs à 1475.

Les vitraux nous renseigneront sur leur date d'une manière plus précise encore. Un vitrail aujourd'hui placé dans le chœur représente un évêque agenouillé devant son patron saint Jean-Baptiste. Le prie-dieu du pontife porte ses armes : *de gueules au cerf d'or à la reposée, au chef échiqueté d'or et de gueules* (1). Ce sont les armes, c'est le patron de Jean Barton de Montbas, évêque de Limoges, transféré, en 1485, à l'archevêché de Nazareth. Ce vitrail, semblable à ceux qui décorent le chœur, est donc antérieur à cette dernière date. L'exécution de la plus grande partie des verrières d'Aymoutiers se place donc entre 1475 et 1485.

Les baies percées dans les trois apsides et vitrées en couleur sont au nombre de quinze. Nous allons les décrire en faisant le tour de l'édifice à partir du transept nord.

On peut distinguer dans cette vitrerie trois systèmes de décorations. L'apside du nord est ornée de figures presque toutes en grisaille, étagées les unes au-dessus des autres dans un encadrement d'architecture ; le fond de la niche est tendu d'une étoffe en couleur damassée ; quelquefois les revers des draperies sont colorés ; les personnages ont à peu près 1 m. 33 c. de hauteur. L'apside centrale

---

(1) Nous avions écrit ces pages lorsque M. M. Ardant a bien voulu nous remettre un verre en couleur provenant de la rose percée dans le portail méridional de l'église d'Aymoutiers. Ce débris d'un travail curieux, que nous décrirons plus loin, a fait partie d'un écu armorié : il porte *d'or à un lion rampant de gueules :* ce sont les armes des vicomtes de Limoges et de l'antique famille des Roffignac. Un Guillaume de Roffignac fut prévôt du chapitre d'Aymoutiers en 1369. Si cet écu appartenait à cette date, la collégiale d'Aymoutiers aurait donc été enrichie de vitraux antérieurs d'un siècle à ceux qu'elle possède présentement. Mais le travail de ce fragment nous paraît moins ancien.

est occupée par des figures en couleur plus grandes que nature, disposées dans un champ architectural en grisaille semé d'ornements jaunes. Dans les trois dernières vitres de l'apside méridionale le système change encore : les figures, groupées deux à deux, occupent des niches pâlissantes; de petites statues sont figurées dans la décoration architecturale.

Nous allons passer en revue les sujets figurés sur ces verrières en demandant grâce pour la sécheresse de ce rapide inventaire. L'aridité du sujet n'est tempérée ici par aucun détail intéressant : plus de légende, nul récit. Les figures, presque toujours isolées, sont dépourvues d'inscriptions et d'attributs caractéristiques qui les fassent connaître.

Apside du nord. — Cinq fenêtres.

I. *Nous indiquons par* ○ *le sujet placé dans la partie curviligne des baies.* — ○. Des débris d'un beau ton de couleur, mais confusément placés, occupent le tympan de l'ogive; le reste est en verre blanc.

II. ○. SAINTE VALÉRIE présente sa tête tranchée à saint Martial.

1. SAINT LAURENT, grisaille. Tentures damassées en couleur au fond des niches; le saint tient un livre et un gril.

2. SAINT ÉVÊQUE.

3. SAINT tenant un glaive et un livre.

4. SAINT chauve et barbu.

III. ○. AGNEAU, sur fond rouge, adoré par trois anges.

1. SAINT ÉVÊQUE dessiné en grisaille; les revers de ses vêtements sont rouges.

2. SAINT MICHEL, armé en chevalier, triomphe du dragon infernal ; il a pour lance une croix à longue hampe.

3. SAINTE ANNE tenant la Vierge enfant, *laquelle tient* l'enfant Jésus.

4. SAINTE MADELEINE. L'architecture figurée sur cette vitre est fort belle.

IV. ○. LA SAINTE FACE adorée par trois anges.

1. SAINT dépourvu d'attributs.

2. Débris confus.

3. SAINT tenant un livre et un bâton, et marchant sur le feu. Un petit chevalier (probablement le donateur du vitrail) est agenouillé à ses pieds.

4. SAINT tenant un glaive et un livre. Une femme coiffée d'un long hennin auquel est suspendu un long voile est agenouillée devant le saint. Ces deux figures de donateurs sont très-naïves.

V.

1	2
3	4

○. ANNONCIATION.

1. SAINTE tenant l'enfant Jésus et une fleur.

2. SAINT MICHEL.

3. LA SAINTE VIERGE est agenouillée devant un prie-dieu sur lequel est un grand livre ouvert, à fermoirs. Une colombe portée par un rayon jaune va à son oreille gauche. Sa robe est pourpre et son manteau bleu. — La couleur et le dessin de cette composition sont ravissants : il est évident que ce panneau a été emprunté à une autre fenêtre. La figure de la Vierge a des proportions plus considérables que les autres personnages.

4. SAINT tenant un livre et marchant sur le feu. A ses pieds est agenouillée une donatrice coiffée du hennin. — Une partie de l'architecture qui sépare les personnages a été enlevée. Cette verrière et les deux précédentes sont dans le plus triste état; l'oxydation des plombs et des ferrures doit faire trembler pour leur conservation.

APSIDE CENTRALE.

VI. Cette fenêtre et les quatre suivantes éclairent le chœur. A la fin du XVIII⁰ siècle, l'architecture qui séparait les personnages a été enlevée sous prétexte de donner du jour. — Toutes les figures sont chaudement coloriées.

1	2
3	4
5	6
7	8

○. CHRIST et verres blancs.

1. SAINT ÉVÊQUE à chasuble pourpre.

2. SAINT LÉONARD tenant un livre et les ceps. Sa dalmatique bleue est semée de fleurs de lis d'or.

3. SAINT ROI vêtu d'un manteau fleurdelisé, fourré d'hermine.

4. SAINT JEAN-BAPTISTE à demi nu; il tient l'agneau symbolique. Sa tunique, en poil de chameau, est en partie recouverte d'un manteau pourpre.

5. UN SAINT vêtu d'une robe bleue et d'un manteau rouge tient une croix; un lion est à ses pieds : cette figure produit un grand effet.

6. UNE SAINTE couronnée tient une palme, un livre et une épée; sa robe est bleue.

7. CHEVALIER donateur agenouillé et de proportions plus petites, sous un gracieux encadrement d'architecture.

8. DONATRICE coiffée d'un hennin *adourné*, agenouillée devant un prie-dieu à petites proportions.

VII.

1	2
3	4
5	6

○. ADAM et EVE nus.

1. EVÊQUE donateur à genoux aux pieds de saint Jean. Ce panneau a été évidemment déplacé : aux armes, qui sont d'azur au cerf d'or à la reposée, au chef échiqueté d'or et de gueules, il est facile de reconnaître Jean Barton de Montbas, évêque de Limoges avant 1485.

2. SAINT JEAN-BAPTISTE tient sur un livre l'agneau nimbé de l'auréole crucifère. Un manteau bleu recouvre sa tunique en poil de chameau.

3. SAINT APÔTRE (saint Paul?) tenant un glaive. Sa robe, d'un jaune orangé, est en partie recouverte par un manteau bleu clair. Cet apôtre et tous les suivants ont les pieds nus.

4. SAINT APÔTRE barbu. Robe pourpre et manteau vert.

5. SAINT JACQUES tenant un livre et le bâton traditionnel; sa robe est grise, et son manteau rouge.

6. SAINTE MADELEINE. Robe rouge, manteau bleu. Ses cheveux blonds sont flottants.

VIII.

1	2
3	4
5	6

○. RÉSURRECTION. Jésus bénit entre deux anges; au-dessous sont placés un homme et une femme nus figurant les ressuscités.

1. UN ANGE déroule un phylactère.

2. LA VIERGE tient l'enfant Jésus. Il est évident que, malgré le meneau en pierre qui sépare les compositions 1 et 2, elles sont faites l'une pour l'autre.

3. SAINT PIERRE, vêtu d'une robe blanche et d'un manteau rouge, tient la clef et le livre symboliques. Le prince des apôtres est peint selon un type désormais traditionnel. Sur son front chauve flotte une mèche de cheveux.

4. SAINT DIACRE tenant une palme et un livre enflammé; une flamme brille au-dessus de son front.

5. SAINT JEAN apôtre tenant le calice. Robe bleue, manteau jaune.

6. SAINT ANDRÉ tenant la croix qui fut l'instrument de son martyre. Sa robe est blanche et son manteau pourpre.

IX.

1	2
3	4
5	6

○. TROIS ANGES tenant des trompettes. La lune et le soleil brillent sur un fond bleu.

1. SAINT APÔTRE barbu, tenant un livre et un bâton. Sa robe est verte, son manteau rouge.

2. SAINT APÔTRE barbu, vêtu d'une robe pourpre et d'un manteau rouge.

3. SAINT apôtre barbu, tenant un livre et un bâton. Il est vêtu d'une robe violette et d'un manteau bleu.

4. Saint (saint Paul?) tenant un glaive. Il est vêtu d'une robe violette et d'un manteau jaune.

5. Saint apôtre barbu. Il a pour attributs un livre et une règle. Sa robe est verte et son manteau rouge.

6. Saint apôtre ayant pour attributs un livre, un marteau et une hache. Sa robe est bleue et son manteau rose.

X.   ○. Débris confus.

1. Sainte Anne tenant un livre; sa robe est verte, son manteau rouge, son voile blanc.

2. Sainte Vierge tenant l'enfant Jésus. La Vierge est vêtue d'une robe pourpre et d'un manteau bleu; la tunique de l'enfant Jésus est violette.

3. Saint évêque vêtu d'une aube blanche que recouvrent une tunique verte et une chasuble violette.

4. Saint Sébastien à demi nu; il tient l'arc et les flèches instruments de son martyre.

5. Saint Antoine vêtu d'une robe blanche à capuchon blanc que recouvre une cuculle de couleur marron. Il tient un chapelet et un bâton. Le porc symbolique est figuré près du saint.

6. Saint Christophe portant l'enfant Jésus; sa robe est pourpre, et son manteau vert.

7. Clercs donateurs, agenouillés.

8. Femmes donatrices, agenouillées.

Nous sortons maintenant du chœur pour pénétrer dans l'apside méridionale, formant la chapelle Saint-Psalmet. Ici le système de vitrerie change encore; on peut même en reconnaître deux bien distincts. Sur les cinq derniers vitraux que nous venons d'examiner les figures, fortement colorées, se détachaient sur une architecture en grisaille riche de ses nombreux ornements jaunes, et assez fortement accusée. Ici, architecture et personnages, tout va pâlir encore. Dans les trois premiers vitraux, les figures en grisaille, disposées sur une tenture damassée, sont couvertes de vêtements d'un ton pâle, *dont les revers seuls sont colorés*. Par exception, les figures de donateurs agenouillés au bas de la verrière sont entièrement en couleur. Sur les deux dernière vitres, le cadre architectural en grisaille change de forme, et s'enrichit de statuettes nichées dans les ornements; les saints se groupent deux à deux, et prennent des vêtements de couleur.

XI.

1	2
3	4

○. FEUILLAGES.

1. VIERGE tenant l'enfant Jésus assis sur un livre, et une fleur à la main droite.

2. SAINT PSALMET (PSALMODIUS) debout sur un îlot au milieu des flots dans lesquels jouent des poissons. Le saint solitaire tient un livre; sa robe et son manteau blancs sont doublés de bleu.

3. De nombreux personnages sont agenouillés au bas de la verrière sur le devant; un des plus éminents est vêtu d'un manteau long à chaperon bordé de fourrures. Sur un phylactère on lit ces mots : Œ'est la ꝓfrérie S. Psaume.

4. Ce panneau représente la partie féminine de la confrérie de Saint-Psalmet; le sujet est semblablement indiqué par une inscription en caractères gothiques : Œ'est la ꝓfrérie S. Psaume.

XII.

1	2
3	4
5	6

○. FEUILLAGES.

1. SAINT MARTIAL désigné par une inscription : SANCT MARSAU.

2. SAINT PIERRE tenant les clefs et un livre. Son manteau est doublé de vert.

3. Panneau brisé remplacé par des verres blancs.

4. Idem.

5. SAINTE VALÉRIE tenant une palme et une couronne. Elle est indiquée par l'inscription : SAINCTE VALÉRIE.

6. SAINT apôtre tenant une équerre et un livre.

XIII.

1	2
3	4

○. JUGEMENT DERNIER.

1. SAINT CHRISTOPHE portant l'enfant Jésus. Son manteau, blanc, couvre une robe pourpre.

2. SAINT PAUL tenant un glaive et un livre. Sa robe, bleue, est couverte par un manteau blanc.

3 et 4. Panneaux en verres blancs.

XIV.

1	2
3	4

○. ANNONCIATION.

1. SAINT JEAN-BAPTISTE, tenant l'agneau, est vêtu d'une robe fauve et d'un manteau rouge. A côté de lui se tient saint Jean l'évangéliste, tenant le calice; sa robe est verte, et son manteau blanc.

2. SAINT JACQUES, indiqué par le bâton et le chapeau à coquilles, est vêtu d'une robe rouge et d'un manteau blanc. A ses côtés est debout un saint diacre tenant un livre enflammé. Sa dalmatique est de couleur violette.

3. SAINTE MADELEINE, tenant l'urne des parfums, vêtue d'une robe rouge que voile un manteau blanc, est debout à côté d'une sainte couronnée tenant un livre ouvert. Le manteau blanc, destiné à *pousser*

toutes ces figures à la grisaille, recouvre encore une fois une robe violette.

4. SAINT SÉBASTIEN est percé de flèches par deux soldats.

XV. ○. COURONNEMENT de la VIERGE.

1	2
3	4

1. ANGE vêtu d'une chape et agenouillé. Sur un phylactère enroulé autour de son bâton de héraut terminé par un lis, on lit : AVE GRACIA PLENA.

2. LA VIERGE, complétant cette composition, est debout devant un prie-dieu. Sa robe est bleue, et son manteau blanc.

3. SAINT diacre tenant un livre.

4. SAINT PIERRE en chape blanche doublée de violet.

Dans la rose nord on voit les débris pâlissants d'une crucifixion. Dans la rose sud est un écusson armorié *de gueules aux deux léopards passants.*

Peut-être ne nous eût-il pas été difficile, avec l'aide du Martyrologe limousin, de donner des noms à tous les saints personnages que nous venons d'énumérer. Mais les emblêmes que les verriers ont placés dans leurs mains sont si peu nombreux, et parfois si étranges, qu'il nous a paru préférable de laisser ce soin au lecteur.

On a déjà deviné, en parcourant cette aride nomenclature, que les vitraux les plus pâles sont en même temps les moins anciens. Il faut noter encore le procédé trop ingénieux au moyen duquel les auteurs des verrières d'Aymoutiers sont parvenus à transformer en grisailles incolores et ternes les éblouissantes verrières des premiers temps. D'abord leurs carnations sont légèrement teintées de rose, et plus souvent encore uniformément grises; les vêtements sont encore colorés en bleu, en rouge ou en violet; mais un manteau blanc ou gris en recouvre partout la plus grande partie. Le vêtement de dessous n'apparaît plus qu'aux extrémités, et sa teinte, légère et doucement colorée, s'harmonise assez heureusement avec le ton général de la verrière.

A la fin du XVe siècle les verriers font un pas de plus vers la grisaille : la partie inférieure des vêtements, c'est-à-dire les doublures, est seule en couleur. Pour le coup la couleur, domptée, est entièrement à la disposition du dessinateur : il ne lui permettra de se montrer attiédie et pâle qu'à l'extrémité des plis cassés et anguleux de la draperie.

Une dernière observation, tout à l'avantage de notre province, ressort de l'examen auquel nous venons de nous livrer. La collégiale d'Aymoutiers est la quatrième église du Limousin où nous avons retrouvé une longue série de vitraux de la seconde moitié du XVe siècle. Ce n'est pas la dernière : ce serait la centième si l'on enregistrait les verrières que les protestants et la révolution ont détruites. Quel goût fécond animait une province où des œuvres si nombreuses pouvaient s'exécuter en quelques années! On devine, à cette vue, que le sentiment et la pratique de l'art y étaient populaires; on pressent l'influence exercée par la ville des émailleurs. Ce goût et cette pratique ont heureusement laissé d'autres traces, que nous recueillerons avec amour.

Les vitraux d'Aymoutiers sont dans un état déplorable. Une mise en plombs défectueuse, l'oxydation des armatures, le long abandon révolutionnaire, doivent faire craindre leur destruction prochaine. Chaque jour le vent et la pluie en emportent quelque fragment; tout récemment encore nous avons pu constater des pertes regrettables. Cependant la fabrique et l'administration d'Aymoutiers, appauvries par des sacrifices récents, sont hors d'état de faire face aux dépenses que réclame la restauration de ces verrières. C'est le cas, ou jamais, de recourir au crédit de six cent mille francs ouvert au ministère de l'intérieur pour la conservation des monuments historiques.

Les verrières du xve siècle que nous venons de décrire fourniraient de nombreux renseignements pour l'histoire des costumes civils, religieux et militaires. Les curieux y remarqueront avec intérêt les hauberts, les casques, les cottes, les armes défensives ou offensives des chevaliers; les escoffions adournés, les hennins, les robes débraillées et à collets rabattus, les larges ceintures, les étoffes fourrées, les souliers à la poulaine des dames; ils n'étudieront pas avec un moindre plaisir les chapes somptueusement brodées et galonnées, les mitres basses élégamment enrichies de pierreries et de broderies des prélats. Les fleurs damassées des tentures, les meubles, les détails de la décoration intérieure et architecturale, fourniront aux artistes mille motifs d'ornementation, nouveaux par l'oubli des vieux temps, originaux par leur ancienneté.

Le mouvement qui apparaissait au commencement du xive siècle a pris, à la fin du xve, tout son développement. La finesse du dessin, les grâces d'une exécution délicate, ont été préférées aux beautés d'un effet vigoureux et monumental. Les vitraux sont devenus des tableaux de chevalet de moins en moins éclatants à cause de la distance et des rayons incolores auxquels leurs verres pâles livrent passage. Trop délicats, trop fins d'exécution, ils manquent le plus souvent d'effet : les soins que l'on donnait à leur exécution ont précisément l'inconvénient de les rendre ternes : punition justement méritée par ceux qui déjà prenaient le moyen pour but, et faisaient de l'art pour l'art.

Cette critique fait cependant pressentir des améliorations nombreuses introduites dans la pratique. En effet la gamme des peintres sur verre s'enrichit de plusieurs nuances précédemment inconnues : l'emploi des verres à deux couches, des émaux superficiels, des traits lumineux enlevés en clair prend beaucoup d'extension. On creuse, on taille le verre avec beaucoup de patience pour obtenir des effets nouveaux par l'enlèvement des couches superficielles. Les pièces de verre s'agrandissent, et subissent avec succès les recuissons nombreuses destinées à multiplier les nuances et les effets. Nous donnons de tous ces détails pratiques une description assez longue dans le dernier chapitre, consacré à la technique des verriers de tous les âges; nous ne pouvons qu'y renvoyer nos lecteurs.

TROISIÈME PARTIE.

XVIᵉ ET XVIIᵉ SIÈCLE.

L'art du XVIᵉ siècle a deux aspects différents, deux caractères bien distincts. Jusqu'au premier tiers, vers 1530, ses produits ne se distinguent de ceux de l'époque antérieure que par une recherche de plus en plus sentie des détails et de la finesse. L'exécution, chaque jour plus habile, se complaît toujours dans les poses anguleuses et graves, dans les étoffes pesantes aux plis cassés et lourds, dans les attitudes fières mais maniérées. Encore un peu de temps, et l'inspiration des vieux âges pourra refleurir et tourner à son profit les ressources de plus en plus savantes de l'exécution.

La Providence en avait décidé autrement. Une seconde fois la barbarie armée descendit du nord sous la forme doctrinale. Dans notre province, comme dans le reste de la France, elle arma les mains de quelques seigneurs ruinés et cupides. Ils prirent à leur service les bandes, toujours vénales, des aventuriers, et, à leur tête, les comtes de St-Germain-Beaupré et de Châteauneuf, les barons de Pierre-Buffière, sous prétexte de réforme et de calvinisme, pillèrent et saccagèrent les abbayes de Grandmont, de Solignac, de L'Artige et d'Ahun.

Il faudrait en nommer cent autres; il faudrait montrer les vitraux défoncés, les statues mises en pièces, les tombes ouvertes, les sanctuaires profanés et dépouillés. Sous le prétexte de ramener le culte à sa pureté primitive, les protestants mettaient leur cupidité à l'abri des doctrines iconoclastes : le pillage était le but déguisé sous le zèle religieux.

Le peuple, dirigé par des guides fidèles, tint bon pour la foi qui l'avait affranchi, et pour l'art qui l'avait consolé; et, si notre France conserve encore les monuments nombreux dont elle est fière à bon titre, c'est que, au jour des tourmentes, l'antique religion sauva ces œuvres qu'en des temps plus heureux elle avait inspirées.

Cependant, pour être amoindri, le charme vainqueur de l'art n'était pas abandonné par l'église. Elle éprouvait le besoin de combler les vides causés par les dévastations des protestants; elle savait que, si quelques esprits secs peuvent, dans le silence du cabinet, nier la puissance du beau manifesté sous une forme visible, l'homme, à cause de sa double nature, sera toujours ému par les impressions extérieures. Les sens sont la porte de l'ame : heureux les esprits qu'atteignent seules, par ces passages mal gardés, les pures émotions du beau et du vrai!

Il fallait donc qu'une abondante production artistique vînt réparer les ruines faites par les protestants. N'est-ce pas à cette cause qu'il faut, en partie, attribuer l'invasion du goût étranger?

En ce temps-là florissait, sous le ciel d'Italie, une école soumise à une double inspiration. Chétienne par ses traditions, elle n'avait pas vu sans éblouissement les chefs-d'œuvre du paganisme, et son art s'en était inspiré. On vantait sa correction, sa grâce et sa beauté. Les princes, séduits, l'appelèrent en France pour embellir leurs palais, et les largesses royales, en enrichissant les artistes italiens, firent des Français leurs imitateurs et leurs émules.

Alors on assiste à un curieux et triste spectacle. Au lieu de tempérer l'incorrection française par les grâces italiennes, et de conserver avec amour l'inspiration chrétienne qui avait animé les chefs-d'œuvre gothiques, les artistes français, je parle des verriers comme des autres, se jettent à la suite de l'imitation étrangère. Ils sacrifient toute la tradition à la recherche de la forme, et le moyen se transforme en but : faire briller les ressources d'un pinceau habile, dépenser la plus brillante imagination à traduire des compositions sans signification, se jouer en de niaises figures mytho-logiques et allégoriques, c'est le dernier but de l'art : c'était aussi sa décadence et sa mort.

Nous avons résumé, dans ces considérations générales, le mouve-ment accompli par la peinture sur verre à la suite des autres arts. Mais ce déclin n'arriva pas sans combat, ainsi que nous le dirons plus tard, et la cause de l'art français put compter quelques succès qui consolèrent ses derniers jours.

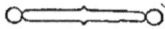

CATHÉDRALE DE LIMOGES.

Le lecteur sait maintenant devant quelles causes ont disparu les vitres du XVIᵉ siècle qui ornaient la cathédrale de Limoges au nombre de vingt-trois. Grâce aux ramifications des meneaux en granit, qui diminuent la surface de chaque tableau de verre, les seuls amortissements en ogive des baies ont conservé les sujets qui les décoraient. Six grandes figures, dues à l'inépuisable munificence de Villiers de L'Isle-Adam, transportées dans les hautes vitres du chœur pour remplacer des figures brisées du XIVᵉ siècle, ont dû leur conservation à ce déplacement plus heureux qu'opportun. Tels sont les restes que nous allons inventorier et décrire. Cet examen nous conduira autour du vieil édifice en partant de la première chapelle du collatéral nord.

Première chapelle du collatéral nord. — Cette chapelle, semblable, de plan et de forme, aux autres chapelles de la nef, est carrée; une baie percée sur le côté occupe toute cette face; elle est divisée en quatre jours par trois meneaux. Le vitrage conserve la partie supérieure de quatre personnages grands comme nature : le Sauveur après la flagellation ou *Ecce Homo* (selon Bonaventure, un sujet semblable se voyait dans la chapelle des Joviond); une figure d'apôtre; un jeune homme portant l'élégant costume à manteau fourré et le chaperon en usage dans le premier tiers du XVIᵉ siècle. Au-dessus de ces personnages quatre anges tiennent un nombre semblable d'écussons *d'azur à une face de taureau de gueules, chargé d'un chevron d'or brochant sur le tout.* Selon le P. Bonaventure, cité plus haut, ce sont les armes des Bastide : ces débris, maladroitement rapprochés, ont donc appartenu à plusieurs chapelles. Dans les lobes lancéolés du tympan, des évêques, l'archange St Michel, des anges jouant de divers instruments et des chérubins entourent la figure du Sauveur transfiguré. Sa face, radieuse comme l'or, est teintée en jaune. *Trente-trois personnages ou débris de personnages décorent ce vitrail plus qu'à moitié détruit.*

Seconde chapelle du collatéral nord. — De petits anges y supportent deux écussons : le premier porte *d'or au chef d'azur chargé d'un sinistrochère* (1) *revêtu d'hermine au fanon de même.* Le second est *d'azur à fleurs de lis d'or.* Ce sont les armes de Villiers de L'Isle-Adam, transféré, en 1530, à l'évêché de Beauvais, où il mourut en 1535. Nous avons donc la date précise des vitraux dus à ce prélat : leur exécution doit se placer entre 1522 et 1536.

Au sommet du tympan, le Sauveur, vêtu de l'étole, de l'aube et de la chape, tient un globe, et bénit. Les anges répandus à l'entour jouent de la harpe, de la flûte, du tympanon et du hautbois. Des chérubins rouges comme la flamme sont répandus dans les autres subdivisions du tympan. A cette fenêtre ont dû appartenir deux grands personnages placés comme pièces de rapport dans les vitraux du sanctuaire. — *Dix-huit personnages.*

Vitres et roses du transept nord. — Le magnifique portail Saint-Jean montre aussi le glorieux écusson de Villiers de L'Isle-Adam. Inspiré par la générosité du pontife, l'architecte du xvıᵉ siècle a manié le granit comme une cire obéissante. Nous n'avons pas à décrire les mille tours de force de cette construction élégante et hardie, où les durs rochers du Limousin se sont laissé tailler comme le calcaire tendre de l'ouest et du nord. Une rose formée de quatre segments de cercle, et inscrite dans une construction cintrée, couronne ce portail. Cent cinquante lobes flamboyants y jouent autour d'un quatre-feuilles central. Ces courbes, si gracieuses à l'œil lorsqu'on les voit de dehors, ont au dedans l'inconvénient de rétrécir le champ réservé au verrier. Son pinceau a placé au centre le Sauveur tenant le globe et bénissant; à l'entour des anges, des chérubins verts, bleus, rouges, sont semés dans les lobes lancéolés. Cette composition, excellente au point de vue monumental, est malheureusement dans des proportions beaucoup trop petites pour sa position à plus de 25 mètres au-dessus de l'œil du spectateur. Isolés et séparés l'un de l'autre, l'architecte et le décorateur semblaient ne plus travailler à la même œuvre.

Cinquième fenêtre du sanctuaire. — Les grandes figures du xıvᵉ siècle, qui étaient disposées au-dessous de la grisaille du même temps, ont fait place à deux personnages peints sur verre au xvıᵉ siècle. Deux niches d'architecture élégante, au sommet desquelles brille l'écusson de Villiers de L'Isle-Adam, les encadrent. Ils

_____

(1) C'est une faute du peintre sur verre : Villiers de L'Isle-Adam portait un dextrochère.

représentent Moïse et le Sauveur au jugement dernier. Selon le texte sacré, traduit ici à la lettre, le législateur des Hébreux a le front orné de deux proéminences : *cornutam Moysi faciem* (Exod.); il tient la verge miraculeuse et les tables de pierre sur lesquelles se lit une inscription ainsi disposée :

CRE	TR
DO	EM
IN	OM
DE	NY
UM	PO
PA	TEN
IE (?)	TEM
ET	CRE
NE	ATO
IS	REM
	SELI *(sic)*
	ET

Le Sauveur, à demi nu, pour montrer les traces sanglantes de sa crucifixion et de sa flagellation, tient un étendard surmonté de la croix, et bénit les élus. Un manteau rouge se drape élégamment autour de ses épaules. Le dessinateur, malgré son habileté, n'a pu triompher des difficultés que présentent les oxydes métalliques pour l'exécution des chairs. Toute cette figure a un ton crû de brique qu'adoucit à grand'peine l'éclat du manteau rouge habilement disposé à l'entour. Par la nature de ses matériaux et de son mode de transmission de la lumière la peinture vitrifiée se refusera toujours à traduire le nu. Les sujets semblables, tels que le baptême de N. S. par saint Jean, doivent donc être évités par les verriers (1).

Huitième fenêtre du sanctuaire. — Ici, comme dans la vitre décrite plus haut, au-dessous de la grisaille du xive siècle, nous retrouvons deux grandes figures du xvie. Ces deux personnages, somptueusement vêtus de costumes orientaux, sont enveloppés par une niche élégante. Graves de costume, d'attitude et d'âge, ils conversent ensemble, malgré le meneau qui les sépare. Le premier compte sur ses doigts; on lit sur un phylactère à demi rompu :

NNA... ONAS... EISHEID.

---

(1) Tout le monde peut voir, au musée du Louvre, un magnifique vitrail moderne, exécuté à Sèvres, et dû au pinceau de M. Chenavard. Plusieurs des anges ou génies figurés sur cette grande page ont des visages verdâtres au milieu desquels reluisent des joues d'un rose vif.

Un fragment déplacé montre un aigle tenant au bec une écritoire. Sur un phylactère disposé autour de l'autre personnage on lit : EZECHIAS PROF.

Neuvième fenêtre du sanctuaire. — Le XIVᵉ siècle a encore cédé une partie de la verrière au XVIᵉ. Un personnage couronné et tenant un sceptre est revêtu du court manteau, des manches à crevés, des hauts de chausses à bouffantes et étirés en usage sous François Iᵉʳ. Un phylactère ou rollet est élégamment ajusté dans l'architecture de la niche. Vous vous attendez à y lire le nom du prophète David? Point : vous n'y trouverez que ces mots : *Abacut le profete* (sic). L'autre personnage richement vêtu est le prophète Daniel, selon une inscription moins fautive : *Daniel le profete.*

Treizième et première fenêtre du sanctuaire. — Les armes de Villiers de L'Isle-Adam, placées sur ces deux vitres, font regretter les vitraux dont elles ont dû faire partie.

Rose méridionale. — Les débris en couleur placés dans cette rose du XIVᵉ siècle ont dû faire partie d'un jugement dernier peint sur verre au XVIᵉ siècle.

Seconde chapelle du collatéral sud. — Cette chapelle est encore dédiée à la sainte Croix. Dans le tympan du vitrail J.-C. meurt sur la croix entre la sainte Vierge et saint Jean. Des anges répandus à l'entour tiennent les instruments de la Passion. Toutes ces figures et des panneaux d'arabesques sont d'une touche pleine de finesse et de vivacité. Un ange tient un écusson *de gueules à quatre pals d'or.*

Première chapelle du collatéral sud. — Les débris confusément disposés dans les lobes du tympan représentent saint Michel triomphant du dragon infernal, des anges jouant de divers instruments et des évêques aux splendides ornements. Plusieurs de ces figures sont d'une teinte bistrée assez originale.

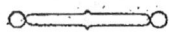

VITRAIL DE FURSAC.

Vers le milieu du XVIᵉ siècle l'église paroissiale de St-Pierre-de-Fursac, près La Souterraine, s'accrut d'une chapelle destinée à la sépulture des seigneurs de Chabannes. Une fenêtre percée au levant reçut, à la même époque, un vitrail aujourd'hui à moitié détruit. Il représente un calvaire. Les saintes femmes éplorées entourent la Vierge évanouie. Les soldats romains, couverts des splendides armures de la renaissance, se pressent autour de la croix ; des

inscriptions se lisent sur leurs ceintures , et celle-ci entre autres :
Imperator Romanorum. Les personnages , entassés les uns sur les
autres , sont d'ailleurs bien dessinés. Le verrier a heureusement varié
le ton de chair de toutes ces têtes, trop rapprochées. Au sommet, des
anges , chérubins et séraphins à faces rouges , bleues et jaunes
tiennent un rollet sur lequel on lit ces mots écrits en caractères
gothiques :

Angeli pacis amare flebunt. Isai.

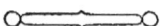

CHAPELLE DE SAINT-AURÉLIEN, A LIMOGES.

La chapelle de St-Aurélien , restaurée au xvıᵉ siècle, reçut , à cette
époque , des vitraux en couleur et ornés de saints personnages , dont
elle conserve encore une partie. Ces figures, d'une exécution
très-lâchée , représentent saint Aurélien et saint Martial.

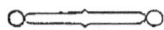

ÉGLISE DE MAGNAC-BOURG.

L'église de Magnac-Bourg est une élégante construction gothique
relevée au xvᵉ siècle. Trois baies ogivales du sanctuaire , subdivisées
en deux jours par des meneaux , sont occupées par un nombre égal
de verrières du xvıᵉ siècle. D'élégantes niches d'architecture de la
renaissance à couronnement en coquille s'y étagent les unes au-dessus
des autres; elles sont occupées par des figures de saints réunies deux
à deux. Ces personnages , hauts d'environ quatre-vingts centimètres,
sont peints avec une grande finesse.

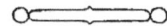

VITRAUX DE PANAZOL.

Sur trois vitres de cette petite église est figurée, en huit tableaux,
la vie de saint Jean-Baptiste. La finesse du dessin de ces petites
compositions est exquise. Un ravissant château gothique figure la
prison où fut renfermé le saint précurseur. L'expression des visages
et l'éclat du coloris se font également remarquer. Malheureusement

les couleurs d'application de plusieurs têtes n'ont pu résister à l'influence de l'air et du temps. Au bas d'une des verrières, deux anges gracieusement agenouillés supportent un écusson *d'azur à trois mains apaumées d'argent*. Ces charmants petits vitraux sont dans un état déplorable; plusieurs parties ont été remises en plomb sans qu'on ait tenu compte des dessins figurés sur les pièces de verre.

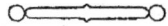

VITRAUX DE LA BORNE.

L'église de la baronnie de La Borne, près d'Aubusson, est une élégante construction du xvie siècle; elle possède un magnifique vitrail. Cette grande page occupe les trois jours d'une fenêtre ogivale du fond de l'église. Dans la partie inférieure est endormi Jessé, vénérable vieillard à longue barbe blanche. De sa poitrine sort une vigoureuse tige verte sur laquelle se sont épanouies de larges fleurs à calice violet. Elles sont occupées par neuf rois aïeux de N.-S. J.-C., tenant des phylactères sur lesquelles se lisent des inscriptions en caractères romains. Dans la dernière fleur au sommet du vitrail est debout la sainte Vierge offrant l'enfant Jésus à l'adoration du monde. Toute cette composition, d'un ton très-chaud, se détache sur un vigoureux fond rouge. Dans les lobes de l'amortissement de l'ogive sont peintes des femmes tenant les instruments de la Passion. Ces figures, d'un dessin beaucoup plus léger, et mal ajustées d'ailleurs, ont dû appartenir à un autre vitrail. Au bas de la verrière, à droite du spectateur, est agenouillé un personnage regardant la Vierge. Il est vêtu d'une soutane bleuâtre; son chef est largement tonsuré. Derrière lui, et debout, une sainte âgée et vêtue de blanc (sainte Anne) paraît le présenter à la sainte Vierge. Une banderole déroulée devant le donateur porte ces mots en caractères romains : O MATER DEI, MEMENTO MEI. Un écusson suspendu à la hauteur de sa tête est *d'argent à sept fusées de sable*. Un autre écusson décore la gauche du vitrail; il est *d'or à la croix ancrée de gueules*. Au-dessous, un cartouche en verre blanc porte cette inscription :

M. D. XXII.

F. François.

La date est en caractères romains, et la signature en caractères gothiques. A l'autre extrémité du vitrail, on lit sur un écusson en verre bleu : *Ma feit fere Viarsat, chanbrier de*..... (1)

Au portail de cette église se retrouvent les armoiries qui décorent le vitrail, et, sur un contrefort, cette inscription se détache en saillie :

FAITE LÃ 1524.

Le vitrail serait donc antérieur de deux ans à l'église.

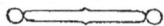

ÉCOLE DE LIMOGES AU XVIᵉ SIÈCLE.

VITRAUX DE LA FERTÉ—BERNARD ET DE SAINT—PIERRE—DU—QUEYROIX.

L'examen des nombreux vitraux que possède encore le Limousin ne nous a fourni aucune signature. Le verrier F. François est le seul dont nous ayons jusqu'à présent découvert le nom sur une vitre en couleur. On se tromperait cependant si on attribuait les nombreuses verrières qu'enregistre notre inventaire à une école étrangère au Limousin. Pour les siècles antérieurs au xviᵉ, l'immense dépense de verres colorés faite dans l'exécution des émaux atteste suffisamment leur emploi dans la vitrerie en couleur de cette province. Loin d'être étranger à ce pays, l'art magnifique des verriers semblerait au contraire y avoir pris naissance. Le lecteur n'a pas oublié les nombreuses inductions que nous avons réunies à ce sujet. Des témoignages plus positifs vont les fortifier encore.

Dès l'année 1235 une confrérie dite du Saint—Sacrement se forma sur la paroisse Saint-Pierre-du-Queyroix, à Limoges. Cette pieuse association avait pour but d'honorer par un culte public le sacrement

---

(1) Nous avions lu *Marsat* : un texte conservé dans les manuscrits Robert nous apprend qu'il faut ainsi rectifier le nom du donateur ; voici le passage : « Pour les églises célèbres en dévotion, nous avons ici près, à une bonne lieue, la chapelle de N.-D.-de-la-Borne, qui fut faicte bastir par un moine chambrier de Chambon, nommé frère François de Viarsac (?) maison noble en Bourbonnois, et dans le diocèse de Limoges, sur l'extrémité de la paroisse de St—Michel-de-Vesse, dans la seigneurie de Chapalines (?), appartenant au prévost de Chambon ».

(*Msc. du F. Eustache, recollet d'Aubusson*, 15 octobre 1643.)

de l'Eucharistie. Au moyen des sommes mises à sa disposition par la piété publique, ressources variables selon la ferveur ou le malheur des temps, les bayles ou directeurs agrandissaient l'église, l'ornaient de sculptures, de vitraux peints, l'enrichissaient de tapis, de peintures en émail et d'objets d'orfévrerie aussi précieux par la forme que par la matière. Ces dépenses diverses étaient fidèlement relatées aux livres de comptes avec des détails minutieux, et, tout à côté du compte, le *portrait* des œuvres acquises était peint de la main d'un artiste distingué. Le résultat des élections annuelles des bayles, le récit de leurs faits et gestes, des doléances sur le malheur des temps, étaient consignés dans ces inventaires. Pourquoi ces registres, si précieux comme témoignages historiques, ont-ils disparu? Le dernier en date, commencé au xvie siècle, peut faire pressentir toute l'étendue de la perte que nous avons faite. Par l'évaluation des salaires, il donne le moyen d'apprécier la condition des artistes au xvie siècle : il apprend la valeur relative, et toujours décroissante, de mille objets usuels; et, par la gravité calme et triste de plusieurs pages, il atteint à toute la dignité de l'histoire.

L'étude de ce curieux volume fournit des observations qui malheureusement ne sont pas à l'avantage de notre ville et de notre époque. Le goût de l'art était populaire au xvie siècle. La confrérie du Saint-Sacrement, obligée de se pourvoir d'un registre nouveau pour consigner ses dépenses, en fait décorer le frontispice d'une éclatante peinture en couleur et en or. Elle a recours, pour cette œuvre, au pinceau d'un émailleur qui tient un rang distingué entre les maîtres de la renaissance. De nos jours où sont les associations limousines jalouses de l'embellissement du moindre registre? Où trouver d'ailleurs les Raymond désireux de servir ce goût populaire?

Un membre de cette famille, Pierre Raymond, dont les magnifiques émaux ne craignent pas le rapprochement des œuvres beaucoup plus vantées de Léonard Limousin, Pierre Raymond fut chargé du frontispice du livre de comptes. Pour le prix de *dix-sept sols* (1) son pinceau a décoré la première page d'une image riante. Elle représente deux anges gracieux suspendant à une guirlande de fruits et de fleurs les armes de la confrérie *(de gueules au nom d'or de Jésus)*.

La confrérie du St-Sacrement ne trouvait pas seulement à Limoges

_____

(1) Nous dirons plus bas quelle somme représentent ces *dix-sept sols* en monnaie actuelle.

des enlumineurs et des émailleurs, elle y rencontrait encore, et sans grande recherche, des fondeurs, des orfèvres et des sculpteurs dont les œuvres honoreraient l'art moderne de la capitale. Elle y avait sous la main et à sa disposition une école déjà renommée de peinture sur verre.

Les émailleurs de Limoges au xvie siècle peignaient donc en couleurs vitrifiables sur métal et sur verre; en d'autres termes, ils étaient en même temps verriers et émailleurs. Les faits qui l'attestent, et que nous réunirons plus loin, sont confirmés par des témoignages antérieurs, et puisés à une autre source.

Toutes les personnes auxquelles l'histoire de l'art est familière connaissent la famille des Courteis ou Courtois, dont les fourneaux d'émailleurs ont jeté à Limoges un si vif éclat; mais, à une signature près, fixée sur un petit vitrail, l'exécution des vitraux par les membres nombreux de cette dynastie artistique a été, jusqu'à ce jour, généralement ignorée. Nous sommes heureux de contribuer à donner à ce fait intéressant toute la publicité qu'il mérite. Un registre de la fabrique de l'église de La Ferté-Bernard contient, à la date du 22 octobre 1498, un acte relatif à l'exécution d'une vitre en couleur destinée à la fenêtre occidentale de la susdite église. Voici la substance de cet acte : « Jehan Juchereau, procureur marguillier, traite avec Robert Courtois, peintre et vitrier, moyennant 100 livres tournois, pour faire la verrière de la grande croisée de la nef, laquelle doit représenter l'histoire de l'arbre de Jessé, assis en une chaire en grand triomphe, et Aaron; et de son corps sera produit un arbre en branches et rameaux, duquel arbre seroient composés, mis et assis en beaux fleurons qui y seront pourtraicts, douze rois comme il assied en tel cas. Et la sommette dudit arbre sera l'image de Notre-Dame tenant son enfant, et y aura quatre personnaiges de prophetes, qu'est à entendre de chacun côté du corps de Jessé, deux faisant bonne contenance; tous lesquels personnaiges seront plus grands que faire se pourra pour remplir honnêtement ledit fournoyement, et le haut dudit fournoyement sera rempli de hiérarchie des anges, archanges, chérubins, séraphins et étoiles semées parmi le trône du ciel, qui sera d'azur; le tout de bon verre et de riches couleurs, bien magnifiquement fait (1) ». On remarquera la

_____

(1) *Description des Verrières de La Ferté-Bernard* dans le *Bulletin monum.* t. V., p. 506.

composition de ce vitrail, que sa date et son sujet rapprochent assez de celui de La Borne, que nous avons inventorié plus haut.

En 1532 la même fabrique alloua la somme de quarante livres tournois au sieur Jehan Courtois pour une vitre par lui faite en la chapelle dite du Rosaire. Tous les vitraux de cette église ayant subi des remaniements et des déplacements nombreux, dans l'impuissance où nous sommes de reconnaître ceux qui furent l'œuvre de nos compatriotes, nous en transcrivons une description rapide, due à la plume fidèle de M. l'abbé Morancé. Dans une œuvre aussi étendue qui oserait faire la part des verriers limousins?

« Il y a (dans l'église de La Ferté-Bernard) onze croisées, encore entièrement garnies de vitraux peints, qui présentent des sujets complets, quatre dont les fragments peuvent être analysés, et enfin vingt-quatre qui ne présentent aucun ensemble, mais seulement quelques personnages isolés, quelques légendes incomplètes et des armoiries... Nous allons suivre les croisées dans l'ordre de rang, en commençant par la partie nord de l'église.

» La première verrière située près des fonds baptismaux représente l'administration du sacrement de l'extrême-onction : la sainte Vierge, la tête appuyée sur un coussin, ayant près d'elle une religieuse ou sainte femme dans l'attitude du recueillement et de la prière, reçoit l'extrême-onction des mains de saint Jean, le disciple bien-aimé à l'amour duquel Marie fut confiée. Cet apôtre, revêtu de la chape et de la mitre, tient dans sa main droite un aspersoir, et lit les prières sacramentelles dans un livre que tient ouvert un clerc en surplis.

» Dans l'imposte, en style ogival, de cette croisée, on remarque, à gauche, la figure du Père éternel ; au milieu, sainte Cécile touchant de la harpe ; à droite, le couronnement ou l'apothéose de cette sainte ; au-dessus de cette imposte existent encore quelques beaux détails d'architecture ogivale, tels que pyramides, crochets, colonnettes, etc.

» La deuxième croisée du même côté présente quelques bustes dont les têtes sont d'une admirable expression ; ils sont surmontés de quelques détails, aujourd'hui incomplets, d'architecture ogivale.

» La croisée suivante ne présente que quelques fragments incomplets de verres peints. Dans l'imposte on aperçoit quelques anges jouant de divers instruments. En suivant toujours le côté nord de l'église, on aperçoit, au haut de la première croisée du bas-côté qui touche au chœur, quatre anges dans l'attitude de la prière. Dans le deuxième compartiment brillent trois belles niches gothiques sur un fond d'azur, accompagnées de colonnettes élégantes, de pyramides à

crochets frisés de la forme la plus gracieuse. L'exécution de ces
niches et la pureté de leurs couleurs sont admirables. Aux deux
côtés de ces niches sont deux écussons : l'un, fond d'azur fleurdelisé;
l'autre, fond d'argent avec un griffon. Dans la niche du milieu est un
prêtre revêtu d'une chasuble à l'antique, ayant les deux mains
élevées comme pour les prières solennelles; sa tête est environnée
d'un nimbe de couleur pourpre et azur; au-dessus, deux anges
embouchant de longues trompettes; à droite, dans la seconde niche,
un religieux franciscain revêtu de l'habit et ceint du cordon de son
ordre; il est tourné vers le prêtre, et porte un nimbe d'un rouge
éclatant. Saint Laurent, revêtu d'une dalmatique et d'un manipule de
couleurs riches et variées, tenant le gril instrument de son supplice
dans la main droite, et un livre scellé dans la main gauche, occupe
la troisième niche à gauche.

» La croisée suivante offre, dans la partie ogivale, trois anges
encadrés dans des cœurs contournés : deux de ces anges tiennent un
écusson semblable, qui est d'azur, chargé de trois fleurs de lis de
sinople, deux en chef et une en pointe; le troisième ange tient un
écusson qui porte d'azur à trois fleurs de lis de sinople et une
écartelée de gueules, chargé d'un coquillage de sable. La seconde
partie de cette vitre est remplie par trois niches ogivales que
séparent deux rangs de meneaux. Elles sont d'un effet ravissant.
Trois bustes les occupent : le premier représente la sainte Vierge
tenant l'enfant Jésus; et les deux autres, des archevêques revêtus de
leurs insignes.

» La croisée la plus rapprochée de l'autel de N.-D.-de-Pitié
possède encore quelques panneaux assez bien conservés, mais qui
n'offrent plus le brillant des croisées précédentes. Trois rangs de
meneaux séparent ces panneaux, qui représentent diverses scènes
de la Passion, telles que Jésus devant Pilate; Jésus apparaissant aux
disciples d'Emmaüs. Dans l'imposte, de style ogival mêlé de renaissance, on aperçoit un Saint-Esprit, sur un fond d'azur, avec une
auréole d'un rouge étincelant; on peut apercevoir quelques têtes d'anges,
un saint Fiacre et quelques autres figures sans attributs distincts.

» Derrière le chœur sont trois chapelles dont quelques croisées
offrent encore quelques riches fragments de verres de couleur.
Grâce à des réparations maladroites, on n'y peut plus distinguer
que quelques sujets tirés de la vie de la sainte Vierge, tels que sa
visite à sainte Élisabeth; le morceau principal est le portrait du
donateur de ces vitraux, en costume du xvie siècle, de couleurs
riches et variées.

» Dans la chapelle suivante, la croisée du fond, entièrement réparée à neuf depuis quelques années, offre, dans son ensemble, une N.-D.-de-Pitié ou la sainte Vierge tenant sur ses genoux le corps inanimé de son fils, le Sauveur du monde; autour d'elle sont plusieurs saintes femmes dans l'attitude du recueillement et de la douleur, ainsi que Joseph d'Arimathie et quelques disciples. Les panneaux du bas de cette croisée sont chargés de fleurs de lis sur un fond d'azur : dans l'imposte quelques anges tiennent la croix et les autres instruments de la Passion.

» Après la croisée du fond, la première qui se présente à gauche renferme quelques panneaux à petits personnages, mais tellement mutilés par les ravages du temps qu'on ne peut en donner une explication satisfaisante; on peut cependant distinguer encore quelques traits tirés de la légende de saint Nicolas, évêque de Myre. Au bas de cette croisée on peut encore lire ces mots : *Verdier et uxor ejus*, restes d'une inscription presque entièrement détruite. La croisée voisine de celle-ci, presque entièrement en verre blanc, porte le millésime de 1533 : *fut faite cette présante vitre, mil cinq cens trente et trois* (sic).

» La troisième croisée, à partir du fond de la chapelle, est assez bien conservée. Dans les figures contournées du haut de cette croisée, on voit la colombe symbolique, et au-dessus le Père éternel avec une longue barbe; sa tête est d'une expression admirable de grandeur et de dignité : les emblèmes des quatre évangélistes l'environnent. Sa droite bénit; sa gauche tient un livre où sont inscrits ces mots, tirés des Écritures : EGO SVM ALPHA ET O (1). La partie inférieure de cette croisée offre la représentation du repos de Jésus chez Simon-le-Lépreux : les figures sont fort belles; leur attitude est gracieuse; leur expression est frappante de vérité et de naturel. Le festin a lieu dans une galerie magnifique dont une des extrémités laisse apercevoir un paysage dans le lointain. Au bas de la verrière est un groupe de personnages qui paraissent représenter les donateurs. On ne peut lire que ces mots..... *du roy, président es enquêtes.* Les registres de la fabrique constatent que cette vitre fut exécutée, en 1532, sur les moules et mesures fournis par le sieur François Delalande, vitrier.

» La troisième croisée à droite présente, à son sommet, plusieurs

(1) Tous les caractères de cette représentation conviennent plus particulièrement à N. S. Jésus-Christ.

écussons qu'on ne peut déterminer, et des roses et des tulipes sur un fond rouge d'un admirable éclat. Au-dessus de ces fleurs on aperçoit un personnage qui tient une petite bande d'un rouge clair et éclatant, sur laquelle on lit ces mots : HIC EST FILIVS MEVS DILECTVS IN QVO MIHI BENE COMPLACVI. La partie inférieure offre quelques traits de la vie de saint Julien évêque du Mans, et d'autres sujets indéterminés. Les panneaux inférieurs représentent un groupe de huit personnages dont les têtes sont fort belles et tous les traits du visage admirablement nuancés : ces personnages, à genoux et les mains jointes, représentent apparemment les donateurs de cette verrière : au-dessus d'eux, un fragment de légende gothique laisse encore apercevoir ces mots : Meistre Nicole Quelain. Au-dessus de leur tête, sur une bande ondoyante, on lit ces mots en caractères gothiques : Quia in te speravi, non confundar in aeternum. A la gauche est suspendue une pareille bande, qui contient ces mots : Conserva nos quia in te speravimus. Un des panneaux présente l'ouverture d'une fontaine ; on lit au-dessous : *Puteus aquarum*, et au-dessus : *Sine macula*. Un autre panneau présente à la vue un petit jardin admirablement nuancé et clos de palissades ; les inscriptions *hortus conclusus, fons hortorum,* l'accompagnent. En 1530 François Bodie donna une vitre de cette chapelle. Le registre de l'année 1532 déjà cité rapporte qu'il fut alloué la somme de 36 livres tournois au sieur Delalande, vitrier, pour une vitre par lui faite, représentant la vie de monseigneur saint Julien, et une somme de 40 livres pour une autre vitre de la même chapelle.

» La troisième chapelle, appelée maintenant des Ames-du-Purgatoire, présente, à gauche, une verrière parfaitement conservée, à deux panneaux près. Le haut de la croisée, formé de six cercles en pierre placés sur deux rang de meneaux, renferme quelques figures. La partie principale représente l'apparition de notre Sauveur à ses apôtres après sa résurrection. Parmi les apôtres groupés autour du Sauveur apparaît saint Thomas portant son doigt à la plaie du côté du Sauveur. Cette verrière est une des plus intéressantes de l'église : rien de plus frappant que les têtes de saint Jean, de saint Pierre; que la surprise de celui-ci à la vue de la conduite de saint Thomas. Au bas de ce sujet sont les portraits du donateur et de son épouse. Sur les fragments d'une légende gothique on peut encore lire ces mots : Mil cinq cens quarante : Heulan, Jeanne Fleury, son épousée, priant Dieu, par sa sainte apparition, qu'il lui plaise à tous faire mercy, pardon.

» La troisième croisée à la suite offre une multitude confuse, au milieu de laquelle se présente Pilate montrant le Sauveur dépouillé de ses vêtements, les mains garrottées, et portant la couronne d'épines sur la tête : la pose de son corps, l'abandon de ses mains, annoncent la faiblesse et l'épuisement; son visage exprime le calme et la résignation. Dans les compartiments supérieurs on peut lire ces mots : *Ecce reg.... vest. : tolle, tolle, crucifige eum.* Au-dessus, un panneau représente Pilate se lavant les mains, avec cette inscription : *Tradidit Jesum voluntati eorum.*

» La troisième croisée du bas-côté méridional nous offre la représentation du baiser de Judas et la prise de Jésus au jardin des Olives. La trahison de Judas excite la douleur et l'étonnement du Sauveur; il est environné de soldats portant des armes et des lanternes, dont l'une, placée au haut d'un bâton, est en forme de corbeille; il en sort un jet de flamme étincelante. Dans la partie supérieure on distingue encore quelques traits qui se rapportent à la passion du Sauveur, et un ange tenant un écusson de gueules à la croix d'azur, cantonnée de quatre coquillages de sinople. Au bas de cette croisée est le portrait d'un personnage qui est sans doute le donateur de cette verrière.

» La grande croisée placée au rond-point du chœur offre, à sa partie supérieure, deux écussons surmontés de couronnes ducales. La principale partie de cette vitre représente le Sauveur des hommes mort sur la croix; au pied de cette croix sont la sainte Vierge, saint Jean et la Madeleine. La partie inférieure offre une galerie décorée d'une corniche admirable dont les extrémités reposent sur un groupe de quatre colonnes enrichies de chapiteaux et de bases; au centre on aperçoit deux figures de saints; de chaque côté est le portrait du donateur et celui de la donatrice. Cette croisée, qui offre un sujet complet sans mélange de verres blancs, produit cependant un effet très-faible.

» La première croisée au nord, après la verrière du rond-point, est l'une des plus remarquables que possède encore l'église de La Ferté. La partie supérieure est décorée de trois écussons; le second porte d'argent chargé de deux paraphes de sable au chef d'azur, portant trois lozanges de pourpre posés en face. Le troisième est de pourpre au lion lampassé de gueules, au chef d'azur, chargé de trois coquillages de gueules. Dans la partie supérieure se déploie une sorte d'amphithéâtre sur un charmant paysage; la partie supérieure de cet amphithéâtre forme une corniche avec frise, décorée avec élégance, et supportée par des colonnes avec leurs chapiteaux; le tout d'un brillant et d'une exécution admirables. Cet amphithéâtre est occupé par plusieurs personnages richement vêtus et une bergère avec un agneau à ses pieds. Au milieu de ce plan, un peu au-dessus des personnages ci-dessus désignés, apparaît saint Georges, en costume militaire, monté sur un coursier dont on ne peut se lasser d'admirer la pose et le naturel : de sa lance ce saint terrasse un énorme dragon à la gueule béante. Dans la partie inférieure de la croisée on remarque la sainte Vierge au centre d'une belle colonnade à plein cintre ; à la droite, une abbesse tenant sa crosse, et, à sa gauche, un religieux, qui sont sans doute les donateurs de cette verrière. La légende, à doubles compartiments, est presque entièrement effacée ; on ne peut plus distinguer que ces mots sans liaison : *Saint Georges..... de feu..... cette vitre..... le cinq septembre..... priez Dieu pour elle.* L'un des compartiments restaurés porte en lettres modernes : *Priez Dieu pour ceux qui ont fait le don,* 1616. Une autre restauration avait précédé celle-ci. Vers 1540 six sous tournois sont alloués à François Delalande, vitrier, pour avoir refait plusieurs pièces de la vitre de saint Georges, qui avait été cassée, et pour les avoir *peintes et assises.*

» La deuxième croisée présente, dans la partie supérieure, l'emblème du Saint-Esprit, sous la forme d'une colombe aux ailes déployées, au milieu d'une auréole étincelante et terminée par un grand nombre de rayons. Vient ensuite le haut d'un cénacle sur lequel apparaît aussi la gloire de Dieu. La Vierge, dans l'attitude du plus profond recueillement, se tient au milieu des apôtres, et reçoit, comme eux, l'Esprit consolateur que le Sauveur avait promis à ses disciples lorsqu'il les quitta, le jour de son ascension glorieuse, pour retourner vers son Père. On aperçoit les langues de feu, signe visible de la descente du Saint-Esprit. Les apôtres paraissent frappés d'étonnement et d'admiration. La partie inférieure du vitrage est occupée par le portrait du donateur, qui est à genoux aux pieds d'un personnage assis dans un fauteuil. Ce personnage tient en sa main gauche un livre fermé : celui-ci et le donateur sont revêtus d'habits fort riches et de larges manteaux nuancés et drapés. Au-dessus d'eux on peut encore lire ces mots d'une inscription en partie détruite : *En* 1606 *fut faicte ceste vitre du legs de honorable homme Etienne Le Boindre, qui, pour ce, laissa cent livres, le surplus aux deniers de la fabric... le... 15... m^r Michel L... zot:* On trouve en effet, dans les anciens registres de la fabrique, l'acte par lequel Etienne Le Boindre, né à La Ferté, et demeurant au Mans, légua, le 15 octobre 1573, la somme de cent livres tournois, laquelle somme reçut cette destination ».

Deux autres vitraux de la même église, datés de 1599, représentent l'histoire de Job et plusieurs scènes de la Passion. La date

de ces verreries nous rappelle que nous avons atteint l'extrême
limite de l'influence extérieure exercée par l'école limousine au
XVIᵉ siècle. Dans l'impossibilité de déterminer la part précise qui
revient à Robert Courtois et à Jehan Courtois, il était prudent de
citer, en l'abrégeant, la description qu'on vient de lire : recueillons
maintenant le témoignage plus précis du livre des comptes de la
confrérie du Saint-Sacrement.

Les magnifiques émaux des Raymond et des Pénicaud sont
généralement connus. A la transparence des glacis, au ton franc de
la pâte, on reconnaît que ces maîtres ont plus d'une fois transporté
sur verre les touches brillantes de couleurs vitrifiables par eux si
souvent appliquées sur cuivre : le témoignage du manuscrit que nous
examinons est positif sur ce point. En 1555 la confrérie du Saint-
Sacrement fit exécuter, pour sa chapelle, un vitrail de grande
dimension, représentant la Cène. Pierre Raymond fut chargé d'en
peindre l'image sur le livre de comptes :

« *Item*, à Pierre Raymond, pour avoit faict le pourtraict de la vitre
» de la Cène au présent livre, 3 liv. 11 s. »

Depuis plusieurs années ce portrait, rendu si précieux par la
destruction du vitrail, a été arraché du livre de comptes, et volé par
un amateur inconnu. Les peintres chargés de l'exécution du vitrail
furent Réchambault et Pierre Pénicaud. On connaît plusieurs émaux
signés par ce dernier, entre autres une pièce du cabinet de M. de
Tusseau représentant un sujet de la fable : *Orphée harpeur excellent*.
Laissons parler le manuscrit déjà cité :

« 1555. Avons baillé à Pierre Pénicaud et à Réchambault, qui font
» la vistre de la Cène, que nous avons faict marché à six vingts
» lyvres, de quoi leur baillâmes comptant, comme appert par la lettre
» passée par Albin, la somme de 60 lyvres tournois ».

Au verso du folio 24 était la représentation de ce vitrail peinte en
couleurs par Pierre Raymond; on y lisait les inscriptions suivantes :

1556.

Desiderio desi-	*Les counferres*
deravi hoc Pas-	*de le counfer-*
cha manducare	*ie du cors de*
vobiscu antequā	*Dieu hounct*
patiar.	*septhe vitre*
	fect fere.

On doit la connaissance de ces inscriptions à une copie de l'abbé
Legros.

Les autres détails donnés sur la pose du vitrail présentent un intérêt d'un ordre inférieur : nous les transcrivons néanmoins, parce qu'ils nous apprennent certains détails d'exécution des vitraux :

« *Item*, au farron, pour 232 lyvres fert ouvré que fust mis tout
» autour de la vistre de la Cène qu'avons fect fere en la dicte esglize
» Sainct-Pierre, et pour six barres à travers pour la de vistre à douze
» deniers livre, 11 liv. 12 s.

» *Item*, pour 80 livres fil de bobynes pour létonner la dicte vitre,
» à 20 liv. le cent, 17 liv. 4 s.

» *Item*, audict, façon pour avoir létonné ladicte vitre, 6 liv. 5 s.

» *Item*, poyé pour clavettes de fert, 1 liv. 2 s. 6 d.

» *Item*, fut poyé pour fil de bobynes pour ce que de l'aultre n'y
» en heult assez, 1 liv. 13 s.

» *Item*, avons poyé tant par plomb pour la dicte vistre et aultres
» petites mises, 4 liv. 6 s.

» *Plus*, pour ung disner que fust faict le jour que fismes le marché
» de la vistre, appellés les quatre bayles nouveaulx, et aussi
» Réchambault et autres, 4 liv. 15 s. (1) ».

Ce vitrail occupait une baie qui a un développement de douze mètres carrés. Il peut être intéressant d'étudier, à l'aide de ces mesures, le prix de revient du mètre de vitrail en couleur en 1556 : cette étude nous apprendra aussi les conditions du salaire des peintres verriers à la même époque.

Pour la faire convenablement, pour être fixé sur la valeur de ces œuvres d'art au XVIe siècle, il faut comparer le prix du mètre superficiel en 1556 à la même mesure de vitrage exécutée, dans les mêmes conditions de ton et de peinture, en 1846. Mais, le prix en poids d'argent ainsi déterminé, on aurait une idée trop insuffisante de la matière si la valeur relative des monnaies aux deux époques n'était pas connue. Nous voulons parler de cette valeur qui se traduit en objets de première nécessité à l'usage de l'homme. Parmi ces choses le blé a été préféré généralement par les économistes. Il forme en effet, depuis des siècles, la base de l'alimentation humaine, et on ne saurait deviner dans l'avenir l'emploi d'une substance qui puisse le remplacer avec avantage.

_____

(1) Ce naïf détail de mœurs n'échappera pas au lecteur. En appliquant au prix de ce repas les calculs faits plus loin sur la valeur des monnaies en Limousin au XVIe siècle, et en supposant que les convives fussent au nombre de douze, on voit que les bayles ne se traitèrent pas à moins de 4 fr. par tête.

Voici les prix du setier de froment, à Limoges, de 1550 à 1560 :

1551..................... 25 sous 6 deniers.
1552.. 20
1553..................... 17
1554..................... 19
1555..................... 18
1556..................... 18
1557..................... 24
1558..................... 17
1559..................... 18
1560...... .... 20 (1).

Soit, en moyenne, 19 sous 6 deniers; nous prenons 20 sous pour simplifier le calcul : le setier de Limoges, en 1556, étant à l'hectolitre comme 65 est à 154 (2), il en résulte que l'hectolitre de froment aurait coûté, en 1556, 45 sols. Le vitrail de Saint-Pierre fut donc payé une somme pour laquelle on aurait pu acquérir, lors de son exécution, 53 hectolitres de froment, lesquels, à 22 francs l'un, prix moyen de la dernière période décennale, vaudraient aujourd'hui 1166 fr., ce qui établit le prix de revient du mètre carré à 97 fr., sans y comprendre l'armature, les frais de pose et le prix de la toile métallique destinée à mettre la verrière à l'abri des coups. Un vitrail exécuté de la même manière serait présentement d'un prix deux fois et demie plus élevé. Les conditions de la peinture sur verre ont donc notablement changé à trois siècles d'intervalle. Si notre époque peut vanter le bas prix des objets produits par la fabrication mécanique, elle n'a guère à se glorifier de l'impopularité à laquelle les œuvres d'art sont condamnées par leur prix élevé.

En 1558, le vent ayant brisé une partie de la *nappe* et de la *taxe* peintes sur ce vitrail, les bayles le firent *racoustrer* par Réchambault,

---

(1) Ces forléaux sont extraits des registres consulaires conservés à l'hôtel-de-ville de Limoges : ils ont été publiés dans le *Limousin historique*, II, 69.

(2) La première de ces données nous a été fournie par les registres du consulat. En 1497, 1498, 1500, etc., les consuls du château de Limoges firent procéder à diverses pesées du setier de froment en nature et manipulé en pain. Nous avons pris la moyenne de ces diverses expériences, en réduisant la livre ancienne au taux de la livre moderne. Cs. *Limousin historique*, I, 198.

Voici nos calculs sous la forme mathématique :

$$65 : 154 : : 20 : 45$$

$$120 \times 20 = \frac{2,400}{45} = 53 \times 22 = \frac{1,166}{12} = 97$$

et donnèrent, tant pour lui que pour ceux qui lui *aydarent*, l somme de 2 liv. 10 s. 10 d.

Ce vitrail ne fut pas le dernier dont l'église de Saint-Pierre fu enrichie à la même époque par la piété publique et les même artistes. Toutes les baies de l'église, au nombre de trente, reçuren une clôture translucide et historiée. Trois de ces verrières ont seule laissé quelques traces appréciables. La première n'a conservé que s bordure en couleurs décorée d'ornements au milieu desquels s reproduit dix fois cette inscription touchante : *Maria mater Dei memento mei.* Une autre représentait un calvaire assez grossièremer exécuté. Le Christ attaché à la croix au milieu de ses gardes se voi encore dans la tribune des Pénitents-Rouges. La troisième, par se dimensions et son exécution, mérite une description plus détaillée Elle représente *la mort de la sainte Vierge et son couronnement dar le ciel.*

Un riche et somptueux appartement, que l'art gothique et l renaissance ont meublé et décoré de concert, est pavé de marbre précieux et de briques émaillées où courent des léopards de gueule Les apôtres sont réunis autour d'un lit à courtines de velours rouge broché d'or, que recouvre un ciel doré auquel sont suspendus de rideaux verts. La sainte Vierge, entièrement enveloppée d'une amp draperie bleue, est étendue sur ce lit funèbre; son visage, pâle, e calme et serein. Près du chevet est debout l'apôtre bien-aimé. A s gauche, saint Pierre lit les prières consacrées, et tient un goupillor Son étole pend sur le lit. Un autre personnage tient un charmar bénitier d'or; un troisième anime de son souffle des charbons placé dans un délicieux encensoir d'argent. La flamme illumine son visag de ses rougeâtres reflets. Les assistants sont dans des attitudes variée comme leurs sentiments, debout, agenouillés, assis, selon qu'i prient, qu'ils pleurent ou méditent. Au premier plan un apôtr montre le texte à un personnage qui feuillette un livre. Ce dernie est assis sur un riche coussin de velours à glands et à lacets d'o

Pendant que cette scène se passe sur la terre attristée, le cie resplendissant comme un palais de pierres précieuses, s'ouvre pot recevoir la Vierge bénie. Vêtue d'un manteau royal, elle e agenouillée, entre le Père et le Fils, assis sur un trône et accompagn de la symbolique Colombe. Ils déposent sur la tête de Marie u couronne d'or. Le Père, vêtu d'une robe verte, a un manteau roug bordé d'or et de pierreries que lie une agrafe figurant les tables de loi. Il tient un globe. Le Fils porte le même attribut, et n'est vêtu qu d'un manteau rouge.

es anges, diversement costumés, se tiennent à distance. Ils
brent par un concert le triomphe de Marie. La salle magnifique
se passe cette scène a un pavé brillant qui montre de toutes
s ces initiales glorieuses M. A. A l'entour du trône divin se lisent
mots :

Gaudent Angeli laudantes et benedicentes Deum.

Ce vitrail appelle quelques observations. Malgré le soin avec
uel Pénicaud a cherché les ornements et semé les détails, malgré
mille changements de ses moulures et de ses broderies, sa com-
sition montre trop visiblement qu'il a voulu lutter avec la
inture à l'huile. Cette grande page, où les personnages ont une
oportion de deux mètres, est donc un tableau beaucoup plus qu'un
rail : on le reconnaît bien vite à la teinte terreuse des trop
mbreuses couleurs d'application dont il a revêtu ses verres. La
gligence de l'exécution ne mérite pas moins d'être blâmée : son
rre fragile a peu d'épaisseur; plusieurs couleurs d'application sont
al recuites ; aussi le modelé de plusieurs têtes a complétement
sparu ; sur toutes il a plus ou moins souffert. On devine quel effet
range produisent ces grands et pâles visages dépourvus de nez,
yeux et de bouche. L'art si brillant et si varié de la renaissance
isait donc fausse route; disons comment il se sécularisait pour
ourir.

VITRAUX CIVILS.

A la vue des innombrables vitraux en couleur qui décoraient les
aisons des artisans et des bourgeois de Limoges, on devinait que
Limousin vit cultiver avec ferveur l'art de la peinture sur verre.
insi la maison d'un boulanger, rue du Collége, avait une charmante
errière, représentant l'arbre de Jessé, qui est allée décorer le cabinet
e M. Germeau, aujourd'hui préfet de la Moselle. D'une cuisine de la
ême rue est sorti le vitrail historique représentant Jeanne d'Albret
rêchant le protestantisme à Limoges. Une maison d'assez mince
pparence à Pierre-Buffière possédait un portement de croix d'une
xécution ravissante. Cette petite verrière, couverte de personnages,
it vendue à vil prix, et enrichit un moment le cabinet, aujourd'hui
ide, de M. Soulage, de Toulouse. La maison de M. le chanoine
éret possède trois croisées ornées de charmantes verrières de la fin
u XIVe siècle. Nous possédons quatre croisées qu'a embellies le pinceau

6

de la renaissance. Nous parlerons plus loin de la ravissante décoration vitrifiée de la maison de Voyon.

Les verrières moins importantes qui sont éparses dans la ville de Limoges sont encore assez nombreuses. Au xvᵉ siècle et avant, presque toujours ces vitraux ont, par leurs sujets, un caractère religieux : ils représentent les faits évangéliques, et plus souvent les saints patrons des propriétaires. Dès le xvᵉ siècle, l'histoire et la caricature s'en emparent concurremment avec une ornementation sans signification et sans portée. Dans tous les cas leur exécution s'adapte parfaitement à la destination qu'ils doivent remplir. La couleur laisse passer un jour abondant, qu'elle adoucit sans le voiler. Si le champ du vitrail est occupé, en grande partie, par une scène composée, les tons doux et légers y abondent, et la bordure en grisaille est fortement éclairée. Habituellement chaque panneau de la croisée se compose ainsi : un champ blanc, dépoli, sur lequel sont semés des ornements légers enlevés en clair, est entouré d'une bordure d'arabesques en couleur. Au centre, une composition de forme ronde représente un saint personnage, une figure allégorique, ou un trait historique. Dans les vitraux les plus riches le centre de la verrière est en couleur. Mais l'application de ces teintes si variées, devant avoir lieu sur la même pièce de verre, devient fort difficile, et partant fort coûteuse. Sur les vitraux populaires la composition centrale était exécutée en grisaille monochrôme ; çà et là le jaune d'argent égayait de sa teinte vive et lumineuse l'aspect un peu terne de ces vitraux ; les autres couleurs étaient réservées pour la bordure.

A la renaissance, avons-nous dit, le vitrail descend, en quelque sorte, des hauteurs où il réfléchissait le ciel pour s'éclairer d'un terrestre reflet. La caricature y étale ses caprices grimaçants. Nous avons vu bon nombre de verres sur lesquels un pinceau joyeux ou moqueur s'était joué en des charges comiques et satiriques. De ce nombre est certainement le petit vitrail représentant Jeanne d'Albret.

Cette curieuse peinture sur verre fut découverte, dans une cuisine de la rue Manigne, quelques années avant la révolution, par M. de L'Epine, subdélégué de l'intendance. Elle représente une femme pérorant du haut d'une chaire. Huit personnages groupés au pied diffèrent de costume, d'âge et d'attitude. Leurs traits, fortement accusés, ont une expression ridicule. Un des personnages, adossé à la chaire, et masqué par la position qu'il occupe, semble commenter d'une façon rieuse et goguenarde l'allocution adressée aux assistants. Enfin, au-dessous du vitrail, se lit cette inscription peu galante, tracée en caractères gothiques :

Mal sont les gens endoctrinés
Quat p feme sont sermonés.

Mal sont les gens endoctrinés
Quand par femme sont sermonnés.

M. Allou et les auteurs qui l'ont copié voient dans cette représentation une satire du zèle que montra, pour la propagation du
protestantisme, Jeanne d'Albret, mère d'Henri IV. On sait que cette
princesse entretenait à grands frais des ministres, qu'elle envoyait
prêcher dans les pays soumis à sa juridiction. Non contente de
stimuler leur zèle par des subsides considérables, elle leur donnait
l'exemple en prêchant quelquefois elle-même, et notamment à
Limoges, ville qui dépendait de son apanage. Nos chroniques (dit
M. Allou) racontent que, en 1564, elle obligea les religieux de Saint-
Martial à lui prêter une chaire destinée à cet usage, et que les religieux
firent brûler lorsqu'elle leur eut été rendue. M. Allou pense donc que
cette peinture était une satire des moines de Saint-Martial contre la
reine de Navarre, et qu'elle avait dû faire partie des vitraux de
leur abbaye (1).

En effet, un arbre est peint sur la gauche du vitrail : on sait
que c'est l'emblême parlant du nom d'Albret, *albré* signifiant arbre
dans le patois limousin.

Nous n'adoptons qu'une partie de cette conjecture. L'abbaye de
Saint-Martial fut sécularisée dès 1535 : il ne pouvait donc s'y trouver
des moines en 1564. D'autre part, la position de ce vitrail, trouvé
dans une cuisine; la négligence de son exécution, où le brun, le
jaune et le violet ont été seuls employés; ses petites dimensions
(25 centimètres sur 17), ne nous permettent pas d'y voir autre chose
qu'une satire populaire dirigée contre la protectrice des huguenots.

A plusieurs reprises on a publié sans fondement que cette peinture
avait disparu : elle est conservée à Limoges, et nous avons l'espoir
de voir prochainement la générosité d'un particulier en enrichir
notre musée naissant. Nous en publions un calque pris sur l'original,
et beaucoup plus fidèle que les divers dessins qui en ont été donnés
jusqu'à ce jour.

Cette peinture daterait de 1564. En effet les caractères de son
exécution d'une part, et, de l'autre, son inscription en caractères
gothiques ne permettent pas de lui assigner une date de beaucoup
antérieure ou postérieure à cette époque.

_____

(1) *Description des monuments de la Haute-Vienne*, p. 244.

Vers le même temps s'élevait à Limoges, près du marché aux poissons, une charmante maison de la renaissance aujourd'hui modernisée ; nous n'avons à parler que de ses vitraux. Des figures allégoriques de la plus exquise délicatesse représentent les Saisons. L'Été est une femme robuste vêtue d'étoffes brillantes comme les jours qu'elle rappelle. Le corsage entr'ouvert à la suite d'une course, le faucon sur le poing, elle s'est assise à l'ombre des grands chênes. Elle s'appuie sur une tortue, vivant emblème du cours du soleil en ces jours fortunés. A ses pieds joue cet animal que le feu ne saurait consumer (1). Près d'elle brillent les eaux limpides d'un lac où les pêcheurs jettent leurs filets ; des villas aux frais ombrages se mirent dans les flots ; sur des promontoires battus par les eaux se sont perchés des châteaux aux gothiques donjons ; une ligne de montagnes bleues termine ce riant paysage ; et ces détails si variés sont exécutés, de manière à ne rien craindre de l'examen à la loupe, sur une feuille de verre ovale qui a à peine 25 centimètres dans son plus grand développement.

La renaissance voulait donc faire des tableaux. Forte des connaissances des lois du dessin, de la perspective linéaire et aérienne, qu'elle avait acquises aux dépens de l'harmonie et de la beauté générales, elle voulait en faire l'application aux vitraux sans tenir compte des différences essentielles de la peinture sur verre et de la peinture proprement dite. Expliquons cette différence, et montrons comment la renaissance fit fausse route.

Cette différence se trouve principalement 1° dans les couleurs mises en œuvre et dans leur mode d'application ; 2° dans le mode de transmission de la lumière.

La peinture à l'huile peut demander ses couleurs à tous les règnes, et la palette du peintre, si riche déjà d'emprunts si divers, autorise des mélanges très-variés qui augmentent d'autant ses ressources ; les combinaisons que peut se permettre le peintre sur toile sont donc innombrables. Il n'en est pas de même du peintre sur verre : limité du côté du nombre des couleurs, il l'est aussi dans leurs mélanges. Le règne minéral lui fournit toutes ses teintes en combinaisons moins nombreuses que les lois chimiques, et encore est-il obligé d'écarter de son laboratoire tous les mélanges qui produisent l'opacité, tous ceux qui manquent de franchise et de netteté : c'est le cas pour un grand nombre d'oxydes métalliques. Remarquons

_____

(1) On le croyait alors.

encore que le peintre à l'huile, maître de son sujet, dont il voit l'effet sur-le-champ, peut se permettre de nombreuses retouches. Il n'en est pas de même du verrier, qui travaille en aveugle, et ne voit que par les yeux de l'esprit l'effet que produira son travail. Il attend d'un élément invincible un effet qu'il ne peut arrêter à temps : chaque retouche ne peut s'obtenir que par un coup de feu qui met en péril le travail déjà commencé.

Le mode de transmission de la lumière n'est pas moins différent : réfléchie dans le premier cas, elle est réfractée dans le second.

Réfléchie, la lumière n'est colorée que par la surface réfléchissante. La peinture à l'huile peut donc se permettre les empâtements, les glacis, les tons sourds, les lignes vagues et indécises de la dégradation de la lumière. Elle peut, avec un succès complet, accuser des plans divers, semer les reliefs et les saillies vigoureuses.

La lumière réfractée par les vitraux au contraire ne peut subir qu'un petit nombre de décompositions en nombre égal à celui des tons de la gamme du verrier. Comme ceux de la fresque, dont les couleurs s'en rapprochent beaucoup, ses tons crûs et vifs rendent mal les carnations. Ils ont une vivacité métallique qui se prête mal à traduire les brouillards, les lignes vagues de la perspective aérienne. Chaque rayon lumineux qui vient de traverser le vitrail formant un cône dont l'œil du spectateur occupe le gros bout, les tons chauds empiètent sur les tons voisins, et frappent le regard à leurs dépens.

En supposant donc qu'on veuille traiter la peinture sur verre comme une rivale de la peinture à l'huile, l'empire de ces deux sœurs est parfaitement limité : à la première, la réalité, la terre; à la seconde, la transfiguration, le ciel! Qu'elles conservent leurs limites respectives sans trop tenter de les dépasser. Pendant que la peinture à l'huile vantera la fraîcheur des carnations, la vérité de l'aspect, les tons propres, la saillie des reliefs et du modelé, la profondeur des plans, les lignes et les dégradations de la perspective, la peinture sur verre pourra se glorifier de son aspect éclatant, près duquel pâlissent les tableaux des plus chauds coloristes; elle montrera ses scènes radieuses où se transfigure l'homme et son terrestre séjour; ses broderies, ses velours, ses pierreries brilleront rivales de la nature; ses eaux, ses fleuves limpides, ses ciels étincelants, charmeront le regard comme en un frais paysage. Il sortira toujours de ses œuvres un charme vainqueur, une puissance muette, mais forte pour le cœur et l'imagination : puissance toujours acceptée par le peuple, parce qu'elle est simple et vraie comme la nature.

XVIIe SIÈCLE.

La peinture sur verre se soutint encore en Limousin pendant le xviie siècle : dans les premières années l'église de Bourganeuf reçut quatre vitraux. Les débris conservés représentent des hommes et des femmes nus sur un ciel étoilé : ils ont dû faire partie d'un jugement dernier.

En 1602, le 26 décembre, le chapitre de St-Martial traita avec Sylvestre Pontut, peintre verrier de Grandmont, pour la réparation de la grande vitre en couleur placée au-dessus du maître-autel. On conservait encore, on entretenait avec soin les œuvres des siècles passés; et pourtant ils n'étaient pas loin les jours où leur destruction devait être conseillée. Bientôt il fut de bon goût de réclamer de la lumière. Les marbres pâles et froids, les revêtements sans élégance, appelaient un jour plus abondant pour se montrer dans toute la gloire de leur nudité prosaïque. On avait intronisé dans nos églises gothiques un art prétendu grec; au défaut du soleil oriental, il lui fallait une lumière qui en fût aussi la contrefaçon !... Les fourneaux des verriers s'éteignirent dans l'indifférence générale, et cet art, français par excellence, mourut au moment où la foi semblait mourir : il est glorieusement ressuscité avec elle !

On trouve encore des débris de peinture sur verre dans les églises dont les noms suivent :

HAUTE-VIENNE.

Château-Ponsat, Mortemart, St-Léger-la-Montagne, St-Symphorien.

CREUSE.

Bénevent, Bussière-Dunoise, Felletin.

CORRÈZE.

Chamberet, Orliac, etc.

Liste des peintres sur verre de Limoges.

Robert Courtois..................................	1498.
Jehan Courtois...................................	1532.
François Delalande (?)............................	1540.
Jehan Pénicaud..................................	1556.
Réchambault....................................	1556.
Martial Raymond...............................	xviie siècle.
Sylvestre Pontut................................	1602.
Poillevet.......................................	1694.

Nous pourrions, sans trop d'invraisemblance, grossir cette liste du nom de tous nos émailleurs; mais nous avons voulu nous borner aux faits établis par des témoignages positifs.

Il nous reste à parler de la technique des vitraux au point de vue pratique de l'exécution; ce sera l'objet de l'appendice suivant.

APPENDICE

SUR LES PROCÉDÉS

DE PEINTURE SUR VERRE.

L'antiquité, et sous ce nom nous comprenons les temps antérieurs au vᵉ siècle de notre ère, l'antiquité avait pressenti tout parti qu'on pouvait tirer du verre. Forte de ses procédés de fabrication, elle savait l'étendre en plaques, le souffler en vases aux formes variées, le colorer en mêlant à sa pâte une couleur minérale, le colorier et le dorer en le recouvrant d'une couche émaillée ou d'une feuille d'or, et fixer cette couverte au moyen du feu. Ce n'était pas le seul résultat du travail antique. Le verre se coulait en cubes de teintes variées qui s'ajustaient en leur place dans des mosaïques éclatantes. Soufflé à deux couches de diverses couleurs par un travail de burin ou de roue, il se taillait comme les sardoines. Des lames de verres de teintes nuancées formaient, par leur rapproche-ment, des bâtons dont la tranche représentait des fleurs, des oiseaux, des figures diverses.

L'antiquité, pourrait-on dire, avait donc à sa disposition tous les procédés modernes de la fabrication des vitraux. Que la main d'un curieux eût détaché du fond auquel elle était appliquée une de ces mosaïques vitreuses ; qu'il l'eût ajustée et sertie dans un de ces châssis de fenêtre où Winckelman trouva un verre verdâtre : la peinture sur verre était découverte !

Cette gloire était réservée au moyen âge : elle devait être un bienfait de la religion chrétienne. Tous ces procédés en effet étaient la propriété de peuples séparés, dans l'espace et le temps, des

Étrusques et des Égyptiens, des Phéniciens et des Grecs. La science moderne est pleine d'illusions : elle réunit comme dans un inventaire tous les legs du passé, et trop facilement nous prenons pour contemporains des héritages d'origines diverses.

La part du moyen âge ne consiste donc pas seulement dans l'application des procédés antiques à l'exécution des vitraux, mais dans la découverte des procédés eux-mêmes. La peinture sur verre n'est pas seulement sa propriété. Il a droit de réclamer les procédés de fabrication et de coloration du verre. Au temps, peu déterminé, où brillèrent les premiers vitraux, les procédés antiques avaient péri dans le naufrage de la civilisation romaine : nous en avons déjà donné diverses preuves. Ainsi on voit les verriers du XIIᵉ siècle compter, pour la réussite des différentes teintes du verre jaune ou pourpre, sur les incertitudes d'une recuisson prolongée. (Théophile, l. II, c. VII et VIII.) Pour l'exécution des émaux verts et bleus, ils recherchaient avidement les débris de mosaïques antiques délaissés par le paganisme : « On trouve, dit Théophile, dans les antiques édifices des païens, parmi les ouvrages de mosaïque, différentes espèces de verre, savoir : du blanc, du noir, du vert, du jaune, du saphir, du rouge, du pourpre; il n'est pas transparent, mais opaque comme du marbre. Ce sont des espèces de petites pierres carrées dont on fait des incrustations dans l'or, l'argent et le cuivre... On trouve aussi divers petits vases de ces mêmes couleurs, qui sont recueillis par les Français, *très-habiles dans ce travail*. Ils fondent dans leurs fourneaux le saphir en y ajoutant un peu de verre clair et blanc, et [ils fabriquent des feuilles de saphir précieuses et assez utiles dans les fenêtres. Ils en font autant du pourpre et du vert. » (Théoph., c. XII.)

Un autre fait non moins curieux vient établir le peu de popularité des procédés de coloration du verre même à la fin du XIIᵉ siècle. Lorsque, à cette époque, l'abbé Suger voulut embellir son église de Saint-Denis de vitres en couleur, il fut obligé d'avoir recours a talent de maîtres verriers de diverses nations : « *Vitrearum novarum præclaram varietatem..... Magistrorum multorum de diversi nationibus manu exquisita, depingi fecimus* (1) ». S'il faut s'en rapporter à son langage assez obscur, interprété dans ce sens pa

_____

(1) Suger, *de Administratione sua*, ap. Félibien, *Histoire de saint Denis,* p. CLXXXVIII.

tous les anciens historiens de cette abbaye, les verriers persuadèrent à Suger que la belle coloration de ses vitres en bleu était due à un mélange de saphirs pulvérisés et incorporés au verre : « *Inde quia magni constant mirifico opere, sumptuque profuso, vitri* VESTITI, *et saphirorum materia, tuitioni et refectioni eorum ministerialem magistrum..... constituimus* (1). » Un examen récent a fait justice de cette ruse, et prouvé que ces prétendus saphirs consistaient dans une couverte d'émail appliquée derrière le verre, et colorée en bleu au moyen du cobalt.

Il faut donc rechercher les causes de l'invention de la peinture sur verre ailleurs que dans le perfectionnement matériel. Pour certains arts, il est une raison morale de leur invention, supérieure aux progrès accomplis dans l'ordre des procédés. Ainsi l'antiquité, avec ses richesses et la perfection de ses arts, ne réussit pas à inventer la peinture sur verre : ce succès était reservé à la pauvreté, à la grossière technique du moyen âge. D'où vient qu'une époque ignorante, troublée par mille désordres, a été supérieure en un point si capital aux civilisations en apparence plus riches et mieux armées de la Grèce et de Rome? On nous pardonnera de l'indiquer brièvement.

Les pratiques des cultes antiques étaient tout extérieures. A quelques exceptions près, les temples, de petites proportions, n'admettaient dans leur enceinte que le sacrificateur et la famille qui offrait la victime. Le peuple, lorsqu'il était convié à ces fêtes presque toujours domestiques, se répandait sous les colonnades du péristyle, ou sur les degrés qui conduisaient au sanctuaire. Le ciel de la Grèce et de l'Italie permettait ces pompes publiques. Il n'en pouvait être ainsi des fêtes catholiques sous notre ciel inclément. Convié à des joies communes, réuni comme une seule famille, le peuple chrétien versait dans une enceinte immense, destinée à abriter sa prière, ses flots toujours grossissants. Les mystères d'un demi-jour convenaient à cette religion qui affranchit l'ame en l'élevant au-dessus des misérables préoccupations de la terre : de là les ouvertures étroites, peu nombreuses, des églises romanes.

Lorsque, au souffle du xiiie siècle naissant, les cathédrales, agrandies, légères, s'élancent vers le ciel, par ses colonnes gracieuses, par ses arcades multipliées, par la courbe aiguë de ses

(1) SUGER, *ubi supra.*

voûtes et de ses baies, l'église tourne tous les regards vers cette région supérieure qui est le terme de l'immortelle espérance. Le ciel apparaît par les mille vitrages, non le ciel inégal et brumeux qui attriste si souvent nos regards, mais cette région lumineuse et sereine où flottent les graves et douces figures des bienheureux. L'enseignement des illettrés par les images, le sens moral introduit dans la matière inerte, l'art faisant oublier la terre et montrant le ciel ; en un mot, l'influence de la religion catholique parlant à nos sens pour arriver à nos ames, voilà la véritable cause de l'invention de la peinture sur verre. L'abbé Suger résume cette tendance, et nous révèle cette vérité dans la description des vitraux dont il fit décorer son église de Saint-Denis : « De la matière, dit-il, ces vitres élevaient l'ame aux objets immatériels ; — *de materialibus, ad immaterialia excitans* (1) ».

Nous allons donc passer à la description des procédés en puisant nos renseignements à deux sources également authentiques et acceptables : les vitraux de chaque époque et les auteurs contemporains. Nos études embrassent à la fois la fabrication du verre, sa coloration, la manière de le découper, de le peindre superficiellement, et de l'ajuster pour en former ces tableaux transparents que nous appelons vitraux. Selon la division précédemment adoptée, nos recherches se partagent en trois époques : 1° vitraux mosaïques, XIIe et XIIIe siècle ; 2° vitraux à grandes figures, XIVe et XVe siècle ; 3° vitraux tableaux, XVIe et XVIIe siècle.

I.

La méthode la plus élémentaire de fabrication du verre a été décrite par des auteurs modernes, Merret et Kunckel. A ses imperfections on peut décider qu'elle est la plus ancienne. Selon ce procédé, un mélange inégal de cendres et de sable blanc de rivière, soumis à un violent feu de four, entrait en fusion. La matière, cueillie au bout d'un tube, recevait, sous l'impression de l'haleine et d'un rapide mouvement rotatoire, la forme d'un disque renflé à la partie centrale. Ainsi s'expliqueraient l'inégale épaisseur du verre ancien et ses dimensions, qui, dans les pièces les plus grandes, n'excédaient guère dix centimètres. Cette méthode, au point de vue de l'économie, peut paraître très-

---

(1) Suger, *de Administratione sua*, ubi supra.

défectueuse : le verre qu'elle produit est épais, gondolé, plein de bulles d'air alongées circulairement par l'action de la force centrifuge. Ses feuilles, peu étendues, sont d'une exécution dispendieuse ; leurs petites dimensions se prêtent mal à une taille en plein drap : cependant les verriers regretteront toujours les qualités précieuses qui accompagnaient ces défauts : les stries circulaires, l'inégale épaisseur, la surface couverte d'aspérités, brisaient le rayon lumineux, et le faisaient scintiller comme sur les facettes d'un diamant. La petite dimension épaississait les mailles du réseau de plomb, et, en rendant le vitrail plus solide, contribuait à sa beauté. Vigoureusement circonscrit dans ses divisions, le rayon lumineux multipliait les contrastes de l'ombre et de la lumière.

Une autre méthode, décrite vers la fin du XII° siècle par le moine Théophile, est, à peu de choses près, la méthode de fabrication moderne. Nous l'analysons d'après cet auteur.

Théophile demande trois fours inégalement chauffés : le fourneau de fusion, celui de dilatation, celui de refroidissement. Dans le premier une partie de sable de rivière (silice et alumine) mêlée avec deux parties de cendres de bois de hêtre (potasse) soumises à un travail de mixtion, demeure sous l'influence d'une température élevée pendant vingt-quatre heures. La matière est ensuite mise en fusion dans des vases d'argile. Cueillie par parties au moyen d'un tube, sous le souffle du verrier elle s'alonge en tubes. Au moyen d'un fer rouge le verrier y pratique une fente longitudinale, qui permet de l'ouvrir et de l'étendre en plaques sous l'influence de la chaleur dans le fourneau de dilatation. Ces plaques, transportées ensuite dans un four médiocrement chauffé, peuvent se refroidir sans qu'on ait à craindre de les voir se briser par suite d'un changement trop brusque de température (1).

Changez dans vos dosages les proportions de la silice, de la potasse et de l'alumine ; construisez vos fourneaux avec plus d'économie en les alimentant par la flamme du même foyer ; donnez à vos ouvriers un tour de main plus habile, vous aurez ainsi accompli le seul progrès conquis en six siècles. Ici Théophile va nous faire défaut. La première époque, avons-nous dit, usait habituellement du verre teinté dans la masse, et, pour l'obtenir, Théophile semble compter sur les succès empiriques du hasard et

_____

(1) THÉOPHILE, *in divers. artium Schedula*, l. II, c. I, II et s.

sur l'emploi des restes de mosaïques romaines. Cependant l'immense fabrication de vitraux en couleur au XIIᵉ siècle et au XIIIᵉ réclamait l'emploi plus actif de moyens de coloration moins donteux. L'analyse chimique des anciens verres teintés établit en effet que les premiers verriers, comme nos premiers émailleurs en métaux, connurent l'emploi des oxydes métalliques. Dans les anciens vitraux, comme dans l'orfévrerie émaillée du même temps, se trouvent le rouge, le bleu, le jaune, le vert, le blanc, le violet. Pour obtenir ces couleurs il leur avait suffi d'ajouter à la pâte d'émail ou à la pâte vitreuse de petites quantités d'oxydes métalliques.

Le verre ou émail blanc a été obtenu au moyen de l'étain ;
Le bleu, par le cobalt ;
Le vert, par le cuivre ;
Le rouge, par un mélange de cuivre, de fer et de manganèse ;
Le violet, par le manganèse ;
Le jaune, par l'antimoine.

Toutes ces substances, avant d'être mêlées à la pâte vitreuse, étaient au préalable réduites à l'état d'oxydes au moyen de la combustion. Une très-petite quantité mêlée à la pâte suffisait pour colorer le pot tout entier.

Notre atelier est donc muni de feuilles de verre teintées de diverses nuances. Théophile va nous apprendre leur emploi : nous suivons son texte pas à pas en l'accompagnant d'un commentaire que son laconisme rend doublement nécessaire. Apprenons d'abord la composition des fenêtres :

« Lorsque vous voudrez composer des fenêtres de verre, faites une table de bois unie, assez longue et assez large pour que vous puissiez y travailler deux panneaux de chaque fenêtre ; prenant de la craie, et la râclant avec un couteau par toute la table, aspergez d'eau partout et frottez avec un linge. Quand cela sera sec, prenez mesure de la longueur et de la largeur du panneau de la fenêtre ; marquez-la sur la table, à la règle et au compas, avec du plomb ou de l'étain. Si vous voulez y faire une bordure, tracez-la avec la largeur et l'ornement que vous jugerez convenables. Cela fait, tracez les images en aussi grand nombre que vous voudrez, d'abord avec du plomb ou de l'étain, ensuite avec de la couleur rouge ou de la noire, faisant tous les traits avec soin ; car il faudra, lorsque vous aurez peint le verre, faire rencontrer les ombres et la lumière selon le plan de la table. Disposant les différentes draperies, marquez la couleur de chacune à sa place, et toute autre chose

que vous vous proposez de peindre ; indiquez-en la couleur par une
lettre. Après cela, prenant un petit vase de plomb, et y mettant de
la craie broyée dans de l'eau, faites-vous deux ou trois pinceaux de
poil ; savoir : de queue de martre, ou de vair, ou d'écureuil, ou de
chat, ou de crinière d'âne ; prenez un morceau de verre, de l'espèce
que vous voudrez, plus grand partout que l'espace qu'il doit occuper,
le plaçant à plat sur cet espace. Alors, comme vous verrez les traits
sur la table à travers le verre, tracez y ainsi avec de la craie les
traits extérieurs seulement ; et, si le verre est *opaque* (1) au point
que vous ne puissiez apercevoir à travers les traits qui sont sur la
table, prenant du verre blanc, tracez-les dessus ; quand il sera sec,
appliquez le verre épais contre le blanc, et, élevant à la lumière,
calquez-les comme vous les verrez. Vous marquerez de même tous
les genres de verre, soit pour les figures, soit pour les draperies,
les mains, les pieds, la bordure, ou tout ce que vous voudrez
colorier (2) ».

Ce passage nous révèle donc la distribution du verre teint qui
devait composer le vitrail. Malgré le laconisme de Théophile, il est
certain que les verriers de la première époque ne se contentaient
pas de tracer sur une table des linéaments légers, destinés à être
effacés après l'exécution du vitrail. Ils en conservaient encore des
modèles sur parchemin ou sur papier dans la grandeur de
l'exécution. Quoique Théophile se taise sur ce point, l'existence de
ces cartons est prouvée par les vitraux nombreux et identiquement
semblables de sujet, de couleur, d'exécution, qui, avant la révolution, décoraient les cathédrales, fort distantes, de Tours, de
Chartres, de Rouen, de Bourges et de Limoges (3).

Le choix du verre et ses différentes dimensions étant fixés,
restait à le distribuer en fragments selon les besoins de la composition : « Vous ferez, dit Théophile, chauffer au foyer le fer à
couper. Il devra être mince partout, mais plus gros au bout. Quand
il sera rouge, appliquez-en le gros bout sur le verre que vous
voudrez diviser, et bientôt apparaîtra un commencement

---

(1) Le mot de Théophile que nous traduisons ainsi est *densum*. M. le comte de
L'Escalopier, dans son excellente traduction, le rend par *épais*. Nous pensons que
cette traduction, trop littérale, est inexacte : il s'agit ici de l'opacité causée par la
coloration du verre teinté dans la masse.
(2) THÉOPHILE, *ubi supra*, c. XVII.
(3) LEVIEH., *Traité de la peinture sur verre.*

de fêlure : si le verre résiste, humectez-le de salive avec votre doigt à l'endroit où vous aviez placé le fer : il se fendra aussitôt. Selon que vous voudrez couper, promenez le fer, et la fissure suivra. Toutes les parties ainsi divisées, prenez le grésoir : ce fer sera de la longueur d'une palme, et recourbé à chaque tête : avec lui vous égaliserez et joindrez tous les morceaux, chacun à sa place (1) ».

Cette coupe périlleuse et imparfaite, ce rajustage au grésoir, expliquent la taille en biseau des verres de ce temps et les aspérités nombreuses qui en armaient les contours. Selon un perfectionnement postérieur à Théophile, la fêlure du verre, avant d'être déterminée par la chaleur d'un fer rougi, était limitée par un trait tracé à la pointe d'acier et préalablement mouillé.

Le vitrail a été tracé, avec ses dimensions et ses nuances, sur une surface polie. Sur cette suface ont été débitées des feuilles de verre teintées en pâte et convenablement choisies selon les couleurs diverses de la composition. Mais le rapprochement de ces fragments ne constituerait qu'une mosaïque grossière sans détails : des têtes chauves dépourvues d'yeux, de nez, de bouche, d'oreilles ; des traits sans saillie, des vêtements plats et sans mouvement. L'application d'une couleur superficielle qui rende ces détails, qui donne le relief, est donc nécessaire. Le même moine nous fait connaître la composition de cette couleur et son emploi dans les ornements ; il nous apprend comment elle s'applique sur le verre et s'y fixe au feu du fourneau :

« Vous composerez ainsi la couleur avec laquelle vous devez peindre : prenez du cuivre mince battu, brûlez-le dans un petit vase de fer jusqu'à ce qu'il soit réduit en poudre ; puis des parcelles de verre vert et de saphir grec, broyés l'un après l'autre entre deux pierres de porphyre ; mêlez ces trois choses ensemble de façon que le cuivre y soit à la dose d'un tiers, le vert d'un tiers, et le saphir d'un tiers. Vous broierez le tout soigneusement sur la même pierre avec du vin ou de l'urine, et, mettant dans un vase de fer ou de plomb, peignez le verre en suivant scrupuleusement les traits qui sont sur la table. Si vous voulez faire des lettres sur le verre, vous couvrirez entièrement les morceaux de couleur, et vous les *tracerez* avec la queue du pinceau (2).

---

(1) c. XVIII.

(2) C'est encore un des cas peu nombreux où l'excellente traduction de M. de L'Escalopier est inexacte à force d'être littérale. *Scribens eas* est traduit par *vou*

» Vous pourrez faire, si vous le voulez ici, les ombres et les lumières des draperies, comme dans la peinture, de la manière suivante : après avoir fait les traits dans les draperies avec la couleur indiquée plus haut, étendez-la au moyen du pinceau, de façon que le verre devienne transparent à la partie où vous avez coutume de placer la lumière dans la peinture ; que le même trait soit léger d'une part et épais de l'autre, puis plus léger encore, et tellement distinct qu'il semble que trois couleurs aient été appliquées. Vous devez observer le même procédé au-dessous des sourcils, autour des yeux, des narines et du menton, autour des visages de jeunes gens, autour des pieds nus, des mains et des autres membres du corps nu. Que ce genre de peinture soit diversement nuancé.

» Il faut aussi un certain ornement sur le verre, savoir dans les draperies, dans les siéges et dans les champs, sur le saphir, le vert, le blanc et le pourpre clair. Lorsque vous aurez fait les premières ombres dans les draperies de ce genre, et qu'elles seront sèches, couvrez tout ce qui reste de verre d'une couleur légère, qui ne soit ni aussi foncée que la seconde ombre, ni aussi claire que la troisième, mais qui tienne le milieu entre les deux. Cela sec., avec la queue du pinceau, de chaque côté de vos premières ombres, faites des traits fins, de sorte que, entre ces traits et les premières ombres de cette légère couleur, il reste des traits délicats. Dans le reste faites des cercles et des rameaux, et dedans des feuilles et des fleurs de la même façon que dans les lettres peintes. Pour les champs qui se couvrent de couleurs dans les lettres, vous devez, sur le verre, les peindre avec des rameaux très–délicats. Vous pourrez aussi introduire quelquefois dans les cercles de petits animaux, de petits oiseaux, des insectes et des images nues (1). »

Il résulte de ces textes, fortifiés par l'étude des monuments, que les *couleurs d'application transparentes* ou *émaux* étaient alors d'un emploi fort rare. A peine Théophile en indique-t-il l'usage pour les pierreries : « Dans les figures des fenêtres, si, sur les croix, sur les livres ou sur les ornements des draperies, vous voulez faire sur le

---

écrirez. Théophile veut parler d'un procédé qui reçut beaucoup de développement dans l'époque suivante, de la mise à nu du verre par l'enlèvement *parcellaire* de la couleur d'application au moyen d'une pointe dure : c'est ce qui s'appelle en termes d'atelier *enlever en clair.*

(1) Théophile, l. II, c. XXI.

verre peint des pierres précieuses d'une autre couleur, *sans plomb*, par exemple des hyacinthes et des émeraudes, vous procéderez ainsi : quand vous aurez disposé à leur place des croix dans les nimbes divins, ou un livre, ou des ornements au bord des vêtements, les choses qui en peinture se font d'or ou d'orpin dans les fenêtres doivent se faire en verre jaune clair. Lorsqu'elles seront peintes selon les règles de l'atelier, préparez les places où vous voudrez poser des pierres, et, prenant des parcelles de saphir clair, formez-en des hyacinthes en proportion avec le nombre des places auxquelles vous les destinez, puis avec du verre vert des émeraudes ; faites en sorte qu'il y ait toujours une émeraude entre deux hyacinthes. Les ayant jointes et consolidées soigneusement à leurs places, entourez-les, au moyen du pinceau, d'une couleur épaisse afin que rien ne puisse couler entre deux verres (1). » Ce passage, le seul où figurent les émaux d'application, prouve lui-même combien leur emploi était restreint. Pour figurer des pierreries les verriers contemporains de Théophile ne reculaient pas devant l'emploi de fragments de verres teints, sertis dans une bande de plomb, malgré les difficultés d'un ajustage aussi minutieux.

Nous épuiserons tout ce qu'il y a à dire sur la fabrication de cette époque en ajoutant qu'on savait déjà souffler le verre à deux couches, l'une blanche, l'autre teinte en bleu ou en rouge ; qu'on savait enlever une partie de la couche colorée au moyen d'agents mécaniques tels que le sable ou une pointe d'acier ; qu'on savait entailler le verre, et y couler des filets de couleurs différentes. Mais ces procédés de fabrication, souvent mis en œuvre dans la seconde et la troisième période, ne furent qu'exceptionnellement employés dans la première.

A l'école des anciens verriers nous avons donc appris à fabriquer le verre, à le débiter en fragments inégaux, à le teindre en pâte, à le colorier superficiellement. Cette dernière partie de nos procédés laisse seule à désirer sous le rapport de la solidité. La couche de couleur ainsi étendue sur le verre serait promptement altérée par les variations atmosphériques : la peinture d'application eût promptement coulé sous l'influence de la chaleur et de la pluie. Pour la rendre aussi durable que les couleurs incorporées par la fusion à la pâte vitreuse, les couleurs d'application formées d'oxydes

_____

(1) c. XXVIII.

métalliques ou de verres teints, étaient, après leur application, soumises à un feu de fourneau qui, poussant le verre au rouge, et fondant les couleurs superficielles, les incorporait, en quelque sorte, ou du moins les unissait étroitement au verre qu'elles recouvraient.

Le fourneau où se faisait cette opération a reçu de la pratique moderne des améliorations nombreuses. Ceux qui seraient curieux d'étudier la construction du fourneau primitif la trouveront dans Théophile (1). Le même auteur va nous initier aux procédés de recuisson du verre peint : « Cependant faites-vous une table de fer à la mesure de l'intérieur du four, diminuant deux doigts sur la longueur et deux sur la largeur ; vous y tamiserez de la chaux vive sèche ou des cendres de l'épaisseur d'une paille ; vous les arrangerez avec un bois lisse afin qu'elles tiennent solidement. Cette même table aura une queue en fer pour la porter, l'introduire ou la retirer. Vous y placerez le verre, soigneusement peint et uni, de manière que sur la partie extérieure, vers la queue, soient le vert et le saphir ; sur la partie intérieure, le blanc, le jaune et le pourpre, résistant davantage au feu. Alors, introduisant les barres, vous mettrez la table dessus. Vous prendrez du bois de hêtre bien séché à la fumée ; vous allumerez dans le fourneau un feu modéré, ensuite plus fort, avec grande précaution. Lorsque vous verrez la flamme ressortir, monter des deux côtés entre le four et la table, et couvrir le verre en passant, comme en le léchant, jusqu'à ce qu'il blanchisse un peu, aussitôt ôtez le bois. Vous fermerez la porte du fourneau avec soin, ainsi que l'ouverture supérieure par où sortait la fumée, tadis qu'il se refroidira de lui-même. La chaux et la cendre sur la table servent à conserver le verre, qui ne peut plus se briser par la chaleur et le contact immédiat avec le fer. En retirant le verre essayez si vous pouvez gratter la couleur avec votre ongle. Si elle ne s'enlève pas, il suffit. Dans le cas contraire mettez-le cuire de rechef (2). »

C'est probablement à la chaux tamisée dans ce four, autant qu'à l'action du temps, qu'il faut attribuer la couverte d'un gris opaque qui rend les anciens vitraux si harmonieux de ton et si sombres d'aspect.

Le verre a été coupé selon la variété des nuances : ces fragments, blancs ou colorés en masse, ont reçu les couleurs d'application qui

_____

(1) L. II, c. XXII.
(2) C. XXIII.

doivent y détailler les linéaments de la composition graphique. Le feu a fixé ces couleurs d'une manière désormais inaltérable : reste à juxtaposer ces fragments, à les distribuer dans un lien qui maintienne leur rapprochement. Dans ce but, à toutes les époques, les verriers ont employé le plomb et le fer. Le fer formait de grandes subdivisions dans la fenêtre ; le plomb reliait les verres en panneaux que recevait l'armature. Débité en lames étroites, et muni, sur chaque face, de deux saillies formant gouttière, le plomb embrassait les contours dentelés du verre, et un fer rougi au feu, en soudant les solutions de continuité, le transformait en réseau à mailles inégales. Ici doit se placer une observation tout à l'avantage des verriers primitifs. Obligés de composer leurs immenses vitres de fragments étroits de verre, ils avaient à craindre le défaut de transparence du double réseau métallique qui devait consolider leur verrière. Le fer et le plomb ne laissent pas passer le rayon lumineux. Que faire de ces lignes noires dont l'opacité devait couvrir le vitrail de ses mailles bizarres ? Mais, sous leurs mains habiles, la difficulté devint un avantage, même au point de vue de la beauté. Leur verrière fut comprise comme une tapisserie à dessins alternatifs, sur le fond de laquelle s'ajustaient de petits tableaux, symétriques de dimension, de forme générale et de position. Grâce à cette intelligente distribution, l'armature se ramifiait sur ce fond comme un trait vigoureux. Le fer court autour de chaque petit tableau ; il suit les contours de la mosaïque à dessins réguliers. L'œil du spectateur perçoit à peine ces grandes lignes noires qui, dans le vitrail, défendent de la confusion chaque groupe de rayons colorés.

Un artifice analogue fait filer les plombs autour des traits, au fond des plis, sur les limites de chaque couleur. Leur position entre deux teintes différentes les transforme en ombres vigoureuses, et l'œil le plus exercé a peine à deviner leur présence. Plus tard, au xvᵉ et au xviᵉ siècle, l'armature est pour le verrier un obstacle dont il a peine à se délivrer. Quelquefois il s'efforcera, en donnant à ses fers une forme arbitraire et rétrécie, de la faire péniblement et coûteusement suivre les contours des personnages ; le plus souvent il sera réduit à l'accepter comme une grille dont les compartiments carrés, visibles à tous les yeux, couperont désagréablement le vitrail sans aucune compensation. Le temps n'était plus où l'église, bâtie, sculptée, peinte, sortait tout entière de la même intelligence ; où le vitrail n'était accepté que comme une décoration monumentale liée à un ensemble harmonieux. Les verriers des derniers temps n'étaient plus que des peintres sur verre, avides d'effets fins et légers. Qui accepterait pour un tableau la protection d'une grille rivée et scellée au devant?

Théophile nous apprend que le plomb destiné aux vitraux se jetait dans un moule de bois ou de fer dont il donne la forme (1). Cette exécution du plomb ancien à la fonte explique son épaisseur, et partant sa solidité et sa durée. Le même auteur donne plus loin (2) tous les détails de la mise en plomb : il est curieux de reconnaître que, à six siècles de distance, elle n'a pas subi de notables changements. Les vitriers de nos jours ajustent leurs verres sur la même table à surface unie ; ils les maintiennent provisoirement en place au moyen des mêmes clous à têtes recourbées ; ils soudent leurs plombs avec le même étain et la même cire, mis en fusion par un fer mince, alongé, et muni, comme celui de Théophile, d'une tête grosse et ronde.

II.

L'art d'étendre le verre en grandes plaques à surface unie, sans aspérités et sans soufflures, fait de notables progrès au xive siècle. Au xiie siècle la plus grande dimension des verres n'excédait pas quinze centimètres ; et, sur les vitraux du xive siècle de la cathédrale de Limoges, nous avons mesuré des têtes colossales peintes sur une seule pièce de verre dont la dimension en longueur dépasse trente centimètres. Ne nous hâtons pas de saluer comme un progrès cette exécution plus habile. Il semble que, par une compensation providentielle, le métier ne se soit développé qu'aux dépens de l'art et de la solidité. Ainsi les grandes pièces de verre du xive siècle perdent en épaisseur et en éclat ce qu'elles gagnent en étendue.

Le xive siècle et surtout le xve font, dans le champ des procédés, des conquêtes marquées au même caractère. La plupart du temps la première époque employait, même pour les détails, des verres teints dans la masse. On sait que, grâce à leur mélange intime avec la pâte vitrifiée, les oxydes colorants arrivent à un état de subdivision moléculaire qui leur fait perdre leur aspect terreux. Quant aux couleurs d'application, le xiie siècle et le xiiie les employèrent avec sobriété pour le modelé et le détail des vêtements et des figures ;

(1) C. XXIV, XXV et XXVI.
(2) C. XXVII.

et encore, dans la main des verriers de cette époque, se réduisirent-elles à n'être mises en œuvre que comme les linéaments, les traits vigoureux d'une peinture de décoration. Le nombre de ces couleurs fut d'ailleurs très-restreint : habituellement il se réduisait à deux teintes, l'une noire, l'autre bistrée.

Au xivᵉ siècle le désir de peindre fit imaginer d'appliquer à la surface du verre les oxydes colorants, et de les fixer par la recuisson. Le travail du pinceau, en devenant ainsi plus large, plus facile, permettait de diminuer les détails de la composition, de supprimer les fonds mosaïques, de réduire dans les mêmes proportions le travail de coupe du verre et de mise en plomb. Mais ces couleurs d'application sont opaques : elles ne doivent leur transparence qu'au peu d'épaisseur de la couche colorante, et même, dans ce cas, elles ont un aspect gris, un ton terreux de plus en plus apparent, selon l'intensité du rayon lumineux. L'emploi des verres teints était donc toujours nécessaire : de là l'impossibilité de rapprocher sur le même verre des couleurs vives, franches, d'un ton différent.

On imagina donc d'agrandir l'emploi du procédé indiqué par Théophile pour l'exécution des pierreries (1); on mêla aux oxydes colorants un fondant vitrifiable, qui, leur communiquant sa translucidité, donnait aux couleurs d'application un ton de verre semblable à celui des verres teints : c'est ce qu'on appelle les émaux colorants. Divers auteurs ont fait honneur au xvᵉ siècle de cette découverte : c'est une erreur manifeste : ce procédé était connu de Théophile à la fin du xiiᵉ siècle. Le xvᵉ siècle ne peut que réclamer l'extension donnée à son emploi. Au xivᵉ siècle nous retrouvons les émaux sur les petits vitraux d'Augne, où ils figurent les pavés d'une salle à dalles émaillées. Nous les retrouvons encore sur les grands vitraux de la cathédrale de Limoges.

Théophile serait-il muet sur ce point, tous les vitraux auraient-ils été réduits en poudre, on pourrait encore décider à priori que, au xivᵉ siècle, les verrières reçurent des émaux d'application. Que se passait-il alors dans la peinture en émail pratiquée en Limousin ? Après avoir composé leurs images d'émaux incrustés dont les teintes juxtaposées étaient circonvenues de filets métalliques, les émailleurs, abandonnant cette manière si semblable à la mosaïque,

_____

(1) Cs. Théophile, c. XXI, DE ORNATU PICTURÆ IN VITRO : *Eodem modo facies campos ex albo clarissimo, cujus campi imagines vesties cum saphiro, viridi, purpura et rubicundo.* — Cs. encore le c. XXVIII, DE GEMMIS PICTO VITRO IMPONENDIS.

commencèrent, au XIVᵉ siècle, à supprimer le trait, et à mêler les teintes séparées auparavant. D'autres progrès apparents suivirent de près celui-ci. L'émail ne se coula plus : il s'étendit hardiment comme une couleur ; enfin de véritables tableaux sur cuivre se produisirent à la même époque. Ces tableaux différaient peu des vitraux contemporains. Sur les vitraux comme sur les émaux les couleurs se composent, s'étendent et se fixent de la même manière ; c'est la même substance mise semblablement en œuvre ; les procédés de peinture et de recuisson sont identiques : on peut dire que les vitraux sont des peintures en émail appliquées sur verre, et que les émaux sont des peintures en verre appliquées sur métal. L'excipient, verre d'une part, métal de l'autre, constitue la seule différence.

Sous le rapport de la technique, les vitraux du Limousin sont donc en avant sur tous les vitraux contemporains. Leur étude nous fait encore découvrir une des plus heureuses conquêtes chimiques du moyen âge. Au XIIᵉ siècle le jaune s'obtenait au moyen de l'anti-moine. L'emploi de cette substance ne produisait qu'une teinte inégale et brouillée. Les verriers limousins eurent l'heureuse idée d'y substituer l'oxyde d'argent. Mêlé à la pâte, ou employé comme couleur d'application, cet oxyde donne un résultat identique : il pénètre dans le verre, et le revêt d'une couleur jaune d'or lumineuse, vive, brillante, sans laisser de croûte à la surface ; le verre, en un mot, est teint par ce procédé comme une étoffe de laine l'est par un acide, par pénétration, par imbibition, sans que la substance colorante laisse une couche superficielle. Nous avons cru reconnaître un jaune de même nature dans les émaux de plusieurs châsses limousines.

Parmi les couleurs d'application, l'oxyde d'argent presque seul jouit de la propriété de colorier sans empâtement. Là était une tentation à laquelle succombèrent bientôt les verriers. Séduits par la teinte vive et brillante de ce jaune, ils l'employèrent sans modération dans leurs cadres d'architecture, sur les mille broderies de leurs personnages, et ils ouvrirent ainsi un large passage à mille rayons éblouissants.

Les mêmes besoins d'ajustage élégant, la même recherche de détails finement rendus, développèrent, au XVᵉ siècle, des procédés imaginés, mais rarement mis en œuvre, dans l'époque antérieure. A ce titre leur description appartient à cette seconde division de nos recherches.

Déjà le verre se soufflait en feuilles à deux couches, l'une épaisse et sans couleur, l'autre plus mince et teinte en bleu ou en rouge. Cette seconde couche fut attaquée au moyen du fer, du sable, ou d'une pierre à grains fins et poreux. En l'enlevant péniblement par parties on réussissait à rapprocher sur le même verre les teintes bleue ou rouge d'une teinte incolore. Ce n'était pas assez : d'autres couleurs pouvaient être appliquées sur la partie blanche de la feuille de verre, et augmenter ainsi le nombre des teintes dont disposait le peintre verrier. Ainsi un écusson armorié provenant d'Aymoutiers, que nous devons à la bienveillance de M. Maurice Ardant, perte d'or à trois lions passants de gueule, armés et lampassés de sable. Sur le verre, épais de quatre millimètres, un travail pénible a enlevé par places la couche rouge. Seule la partie figurant les lions a été réservée : on a eu, par ce travail de manœuvre, trois lions rouges sur fond incolore. Mais la silhouette de ces lions, grossièrement découpée, aurait manqué de poils, de griffes et de traits. Le pinceau est venu au secours du burin. La partie blanche de l'écu a reçu un oxyde d'argent qui l'a teintée en or, et, au revers de la saillie rouge figurant les lions, un oxyde de fer finement appliqué les a armés, vêtus et délicatement profilés. Notons que, pour empêcher la pénétration d'une couleur sur l'autre, les verriers, lorsqu'ils voulaient disposer deux teintes sur le même verre, les plaçaient habituellement sur les faces opposées, et les empêchaient ainsi de se mêler à leur point de contact. On peut trouver ingénieuses ces pratiques d'une technique plus avancée; mais la chimie moderne pourrait en rire : c'est un droit que les siècles se passent en l'usurpant tour à tour. Sans émousser les pointes de l'acier le plus dur, sans emploi pénible de sable et d'émeri, sans frottis laborieux de meule, sans chance de casse, les verriers modernes, au moyen du fluor, enlèvent rapidement cette couche rouge si lentement attaquée autrefois par la patience laborieuse de nos bons aïeux.

III.

La troisième époque ne fit que développer les qualités d'exécution que nous venons d'indiquer. Alors plus que jamais le velours étale ses tons doux et moelleux; les tentures se damassent; les étoffes soyeuses se brochent d'or; les vêtements se sèment de couleurs variées. Les applications de couleur sur couleur, la mise à nu légère et délicate des couleurs de fond, procurent des effets auxquels le pinceau, tour à tour fin ou rude, ne pourrait seul atteindre. Les verres se couvrent sur chaque face de deux couleurs différentes. Sur les parties vivement éclairées ou fortement ombrées une de ces couleurs passe, au profit de l'autre, à une nuance plus légère ou plus vigoureuse. La lumière, en traversant le verre, fond et unit ces deux teintes, et produit, selon l'habileté du peintre, les effets les plus piquants et les plus vigoureux. Ainsi un verre blanc reçoit, sur une face, une couleur jaune; sur l'autre, une couleur bleue. Les deux rayons bleu et jaune s'unissent et se mêlent avant d'arriver à l'œil du spectateur, et ce dernier ne perçoit qu'une teinte verte; mais l'inégale intensité de la couche verte ou bleue, habilement répartie par le pinceau, donne aux lumières un ton qui se rapproche du jaune; aux ombres, un ton voisin du bleu.

Ces délicatesses d'exécution tendaient à rendre le vitrail rival des tableaux ordinaires. Elles devaient donc lui donner un prix plus élevé, grâce aux dépenses et aux difficultés d'exécution que ne connaît pas la peinture sur toile. Les églises pauvres, les maisons les plus modestes, ne pouvaient désormais s'enrichir d'œuvres dont l'acquisition était au-dessus de leurs ressources.

À cette élévation du prix des vitraux correspondait le développement d'un goût nouveau, qui devait bientôt contribuer à rendre cet art impopulaire. Le sens catholique allait en s'amoindrissant. Chaque jour nous venait de la terre étrangère une esthétique empruntée à l'antiquité païenne. Selon l'idéal chrétien, tel qu'il fut pratiqué par le moyen âge, les formes dans l'art ne doivent être reproduites que comme traduction de sentiments. Une impression extérieure ne doit atteindre les sens que pour s'élever de là à la région supérieure qu'habite l'esprit. A la renaissance, la beauté des formes, la vérité du nu, gagnent peu à peu les préférences des artistes : ces qualités, dans lesquelles les Grecs seront toujours nos maîtres, ne pouvaient s'acquérir qu'aux dépens de l'expression.

Le jour adouci des églises gothiques, ces impressions mystiques, ce recueillement que produisent dans les ames l'élan de l'architecture et la lumière doucement colorée des vitraux, ne pouvaient convenir à ces artistes italiens par le cœur et par l'éducation. Les vitraux en grisaille succédèrent donc bientôt aux vitraux en couleur. Ils avaient l'avantage d'être d'une exécution rapide et peu coûteuse. Une seule teinte d'application facile, rehaussée çà et là de jaune d'argent, servit à dessiner des figures et des ornements. La grisaille avait encore l'avantage de laisser passer un jour abondant, et cette époque, selon un mot bien connu, voulait voir et être vue.

L'esprit français pousse toute doctrine, fausse ou vraie, à ses dernières conséquences; il ne s'arrêta pas sur cette pente : la grisaille, les entrelacs de couleur, disparurent à leur tour. Bientôt les verriers, transformés en vitriers, bornèrent toutes leurs prétentions à découper le verre en triangles, en rectangles et en losanges, dont les combinaisons multipliées reçurent des noms bizarres. Les traits de plomb à lignes carrées ou rayonnantes formèrent des dessins symétriques et sans élégance. (V. la pl. VI.)

Nous avons vu quelque chose de semblable, au XIIe siècle, sur le vitrail provenant de l'abbaye de Bonlieu. Seulement, dans les temps primitifs, le plomb, au lieu de courir et de se briser en lignes droites, se recourbait pour former des enroulements souples et gracieux. Les deux extrêmes se touchent, et la décadence trouva le secret de revenir au point de départ, et de dépasser son ignorance.

Un auteur contemporain, Bernard Palissy, va nous apprendre dans quel mépris étaient tombés les produits vitrifiés et émaillés de Limoges vers la fin du XVIe siècle (1580) :

« N'est-ce pas un malheur advenu aux verriers des pays de Périgord, Limosin.....? Auxquels pays les verres sont méchanizez en telle sorte qu'ils sont venduz et criez par les villages par ceux mesmes qui crient les vieux drapeaux et la vieille ferraille, tellement que ceux qui les font et ceux qui les vendent travaillent beaucoup à vivre.....

» As-tu pas veu aussi les esmailleurs de Limoges, lesquels, par faute d'avoir tenu leur invention secrete, leur art est devenu si vil qu'il leur est difficile de gaigner leur vie au prix qu'ils donnent leurs œuvres? Je m'asseure avoir veu donner pour trois sols la douzaine des figures d'enseignes que l'on portoit aux bonnets, lesquelles enseignes estoyent si bien labourées et leurs esmaux si bien parfondus sur le cuivre qu'il n'y avoit nulle peinture si plaisante. Et n'est pas cela seulement advenu une fois, mais plus de cent mil, et non seulement esdites enseignes, mais aussi aux esguieres, salieres et toutes autres espèces de vaisseaux, et autres histoires lesquelles ils se sont advisez de faire : chose fort à regretter (1). »

Nous reproduisons, d'après un petit livre rare et curieux, la *Panoplie* d'Hartman, deux vignettes sur bois représentant les ateliers d'un peintre sur verre et d'un vitrier au XVIe siècle (2). L'ameublement de ce dernier est au grand complet.

---

(1) BERNARD PALISSY, *de l'Art de terre*, p. 307, édit. in 12.
(2) Voy. la pl. VI. — *Panoplia illiberalium seu mechanicarum artium,* Francofurti, ap. Sig. Car. Feyerabend, 1574.

La vignette représentant le peintre sur verre est accompagnée des vers suivants :

Arte renidentes operosus inuro colores ,
Et vigil illustro vitra labore meo.
Nobilis effigie ducis , historiaque vetusta.
Conspicitur nostra picta fenestra manu.
Nam quod imaginibus sunt templa referta decoris ,
Clara nec heroum tot monumenta jacent ,
Id mihi præcipue laudabile duco , bonumque
Hoc opus officii glorior esse mei.
Quippe represento speculum velut arma virosque
Factaque magnorum nobilitata ducum.

« Mon art met en fusion d'éclatantes couleurs, et les fixe sur des vitres brillantes. Sous ma main une fenêtre devient un tableau qui représente ou le portrait d'un guerrier célèbre, ou quelque antique légende. Si nos temples sont remplis de tant d'illustres images ; si les hauts faits de tant de héros ne restent pas ensevelis avec eux dans la poussière du tombeau, c'est à moi qu'il faut en rendre grâce : c'est là le noble et beau résultat de mes travaux. Par mes soins les armes des guerriers et leurs exploits apparaissent comme dans un miroir ».

Aucun écrit des émailleurs et des verriers limousins n'est venu jusqu'à nous. On s'étonnerait à bon droit de voir une école si féconde en œuvres être si pauvre en traditions écrites si l'on ne savait que, dans les arts, les méthodes et les procédés se lèguent de vive voix jusqu'au jour de la décadence. Le babil exclut l'action, et l'inspiration fait défaut aux époques savantes (1).

A grand'peine et comme par hasard avons-nous réussi à rencontrer deux feuillets qui ont dû faire partie d'un traité plus complet, embrassant la technique des verriers. Malheureusement l'écriture et le style prouvent que ces quatre petites pages sont du xvie siècle. Nous publions la partie la plus neuve avec un bref commentaire, destiné à éclairer la technologie en usage à la renaissance. Nous ne conservons que l'orthographe des mots peu usités :

(1) La publication du traité de Théophile semble contredire ces assertions ; mais cet auteur écrivait à une époque de transition , à la fin du xiie siècle, et le laconisme de ses descriptions suppose un enseignement complémentaire oral et pratique.

« *Pour faire vitres en griset* (1).

» Et si veux faire vitres de griset plaisantes pour clarté, lesquelles portant personnages, portraits, portiques et fleuronnie (2), se placent ès temples et riches logis, deux teintures (3) te sont nécessaires.

» De la commune couleur des griset.

» Premièrement prends rocaille (4) deux parts (5), sablon blanc une part, périgord (6) une part, paillettes de fer (7) une part, *œs ustum* (8) une part. Toutes choses bien broyées, tu mêleras selon l'habitude, et t'en serviras selon le besoin. Et, si tu veux plus clair et roux, mettras davantage rocaille et périgord, diminuant d'autre part.

» Pour calciner l'argent fin.

» Pour égayer ton griset, tu doreras bordures, manteaux et orfrois des personnages en appliquant argent brûlé, et, cet argent, tu le calcineras des façons suivantes selon ton choix :

« Prends et bats argent fin (9) jusqu'à ce qu'il soit mince comme parchemin, et puis le taille en copeaux subtils et menus, sauf quelques piécettes grandes comme un écu. Prends creuset de terre; dispose au fond un lit de sel ordinaire, bien grugé (10). Sur icelle couche étends tes copeaux d'argent; recouvre de sel et d'argent jusqu'à cinq fois s'il te plaît.

---

(1) Grisaille.

(2) Pour fleuronnerie : arabesques, rinceaux d'ornements et de fleurs.

(3) Teintes, couleurs.

(4) Un traité de la peinture sur verre, rédigé au xviie siècle, publié et analysé récemment par M. Lecointre-Dupont (*Bulletin de la Soc. des Antiq. de l'Ouest* p. 281. 1846), définit ainsi la rocaille : *La rocaille, qui n'est autre chose que ces petits grains ronds, verts et jaunes que vendent les merciers.* D'autres verriers désignaient ainsi des débris de vieux verre blanc. Pour le texte présent nous nous rangeons à leur avis.

(5) Notre auteur ne dit pas s'il s'agit du poids ou de l'étendue.

(6) Manganèse.

(7) Fer oxydé qui se détache, à la forge, du fer incandescent.

(8) Cuivre oxydé.

(9) Sans alliage.

(10) Écrasé, broyé.

Lute ensuite, et couvre proprement ton creuset, sauf en un point auquel mettras conduite longue et étroite. Puis dispose à l'entour charbons ardents, que tu entretiendras et remplaceras quatre heures durant ; et, quand sera refroidi, si tu trouves que l'argent soit devenu si fragile et cassant plus que verre, tu auras réussi ; sinon recommence jusqu'à réussite.

» Si tu veux, tu pourras prendre talc ou soufre, et faire de même. Ton argent ainsi calciné, tu le laveras en coulant avec soin dans un feutre pour qu'il ne s'en perde. Ensuite tu le broieras et appliqueras selon l'usage.

» Et, pour égayer davantage, tu disposeras autour du champ (de la vitre) et ès coins moins voyants, verres alternants saphirins et pourpres ; avec un cuivre ajusté pour abréger, tu traceras dans la conduite des creux (du cuivre) ornements et rinceaux comme jaillissant de vases, et se reliant ou bien formant couronne et bouquets enlacés. »

Nous nous bornons à la transcription de ce passage : aussi bien le reste ne nous apprendrait rien qui ne soit fort connu. Les autres recettes que nous publions sont aussi peu intéressantes. Un seul fait neuf et curieux est produit par cette page. A la vue des mêmes ornements répétés sur des verres de couleurs différentes, nous avions soupçonné que le trait si coulant et si pur des ornements de cette époque peints sur les vitraux était dû trop souvent à un procédé mécanique. La publication de ce fragment ne peut laisser de doute à cet égard : il restera prouvé que les verriers du xvie siècle employaient des cuivres découpés appliqués sur le verre pour y tracer des ornements au moyen d'une brosse. La renaissance était accusée d'avoir introduit le métier dans l'art ! Voici sa condamnation écrite et signée de sa propre main !

CONCLUSION.

Quelle est l'origine de l'art merveilleux dont nous venons de suivre rapidement la marche et les progrès en faisant la description des vitraux d'une province? En quel pays a été inventée la peinture sur verre? Quelle nation peut en revendiquer la gloire?

Le tableau comparatif et rétrograde des procédés de la peinture en émail et de la peinture sur verre pourra être de quelque utilité dans cette recherche.

ÉMAUX.	VITRAUX.

XVIIIe ET XVIIe SIÈCLE.

Les émaux (verres colorés au moyen des oxydes métalliques) sont appliqués sur fond d'émail blanc, et fixés au feu de moufle. Les émailleurs de ce siècle et du siècle suivant font usage de teintes nuancées beaucoup plus que de teintes franches. Les émailleurs de Limoges sont en même temps peintres sur verre.	Les vitraux sont formés habituellement de verres incolores peints au moyen d'émaux de couleurs fixées au feu de moufle. Les verriers de ce siècle et du siècle suivant font usage de teintes nuancées beaucoup plus que de teintes franches. Les peintres sur verre de Limoges sont en même temps peintres en émail.

XVIe SIÈCLE.

Les émaux ou verres colorés sont appliqués par teintes franches et par teintes superposées. Des émaux transparents placés l'un sur l'autre forment des glacis. Les émaux peints en grisaille sont très-nombreux. Les émailleurs de Limoges sont en même temps peintres sur verre.	Les vitraux sont formés de verres teints en pâte et de verres peints rapprochés dans la même vitre. Des émaux transparents placés sur chaque face du verre forment des glacis. Les vitraux peints en grisaille sont fort nombreux. Les peintres sur verre de Limoges sont en même temps peintres en émail.

XVe ET XIVe SIÈCLE

Les émaux sont formés par un mélange de peinture et d'émail simplement coulé. On y trouve la couleur jaune obtenue au moyen de l'oxyde d'argent.	Les vitraux se composent de verres teints et de verres peints. On trouve dans les vitraux de Limoges le jaune obtenu au moyen de l'oxyde d'argent.

XIIIe SIÈCLE.

Les émaux sont des mosaïques dont les différentes teintes obtenues par le coulage et sans travail de pinceau sont juxtaposées, et limitées par une petite bande de métal. Les couleurs sont franches et sans nuances. Le bleu domine dans les fonds. — Les sujets figurés en émail ressemblent, par leur disposition, par leur agencement, par le dessin, le style et les détails, aux sujets figurés sur les vitraux.	Les vitraux sont formés de petites pièces de verre diversement teintées en masse, liées et rapprochées par une bande de plomb et d'étain. Comme les émaux, les couleurs sont d'un ton franc et vigoureux. Le bleu domine dans les fonds. Les sujets figurés en verres de couleur ressemblent, par leur agencement, par le dessin, le style et les détails, aux sujets figurés sur les vitraux.

XIIe SIÈCLE.

Les émaux limousins abondent.	Les vitraux sont rares : on cite parmi les plus remarquables ceux dont l'abbé Suger embellit l'église de Saint-Denis vers 1140. Le plus ancien vitrail de cette époque a été trouvé dans une abbaye du Limousin : tout prouve qu'il est antérieur à l'an 1141.

XI⁰ SIÈCLE.

La ville de Limoges avait des émailleurs dès l'époque la plus reculée des temps modernes.

On n'a que des renseignements écrits et fort vagues sur les vitraux antérieurs au xii⁰ siècle. Étaient-ils de simples vitres en couleur? Étaient-ils décorés d'ornements et de figures? On est réduit, sur ces deux points, à des conjectures appuyées sur des textes obscurs.

L'art de peindre en émail et celui de peindre sur verre sont deux arts fraternels, identiques dans leurs matériaux et dans leurs procédés.

L'art de faire des représentations opaques en verres colorés sur métal est antérieur à l'art de faire des représentations translucides en verres teints ou peints.

Les émaux sont antérieurs aux vitraux.

L'art moderne est né de l'art ancien.

A chaque siècle l'amélioration ou le changement des procédés de peinture en émail des Limousins est accompagné ou suivi d'un changement semblable dans les procédés de peinture sur verre.

Donc la peinture sur verre a emprunté ses procédés à l'art plus ancien des émailleurs.

Donc les vitraux sont nés des émaux.

Limoges est la ville d'Europe où, au moyen âge, l'on a exécuté les plus anciens, les plus nombreux, les plus beaux émaux. Seule, cette ville a possédé une école permanente de maîtres qui, à toutes les époques, ont pratiqué cet art concurremment avec celui de la peinture sur verre.

Les vitraux sont nés des émaux.

Donc la peinture sur verre a été inventée à Limoges.

L'étude de l'histoire n'est pas défavorable à cette conclusion.

Un auteur de la fin du xii⁰ siècle, écrivant une sorte de technologie des arts pratiqués par chaque nation, attribue aux Français, *très-habiles dans ce travail,* une sorte de possession exclusive de l'art de la peinture sur verre (1).

D'autre part, vers le même temps, Suger, voulant décorer son église de St-Denis de vitraux en couleur, est obligé d'avoir recours à l'habileté de maîtres éloignés, étrangers à sa province (2).

_____

(1) *Illic invenies.... quidquid in fenestrarum pretiosa varietate diligit Francia.* THÉOPH., *in divers. Artium Sched.,* Prolog. — *Franci in hoc opere peritissimi.* Id., l. II, c. XII.

(2) Nous avons cité le texte : pour bien le comprendre il faut avoir présentes les divisions géographiques de la France féodale.

Donc, à ne consulter que ces textes, la peinture sur verre est née en France, hors du rayon d'action de Paris.

Nous avons eu le bonheur de voir nos conclusions adoptées par un grand nombre d'esprits distingués fort compétents en ces matières, notamment par feu M. du Sommerard, et nous n'avons recueilli qu'une objection sérieuse. Nous en devons communication à la bienveillance de M. A. Leprévost, membre de l'Académie des Belles-Lettres, et de M. Didron, secrétaire du Comité des Arts. Ces deux savants ont vu, à Saint-Cunibert de Cologne, des vitraux dont l'ornementation peinte semblerait attester une date antérieure aux plus anciens vitraux de France. Mais la dimension extraordinaire des verres teints dont sont composées ces fenêtres n'infirmerait-elle pas l'induction tirée du caractère de l'ornementation? Il nous resterait d'ailleurs la ressource d'attribuer ces vitraux à un verrier venu de Limoges. Au XII° siècle nous avons fourni des émailleurs à l'Allemagne : pourquoi ne lui aurions-nous pas prêté un verrier?

Au terme de cette excursion lointaine dans le domaine de l'art français, qu'il nous soit permis de jeter un regard en arrière, et de renouveler notre courage à la vue du sentier parcouru. N'eussions-nous ajouté qu'un caillou poli à la couronne artistique dont se pare notre patrie, ce serait assez pour nous animer à des recherches nouvelles, et entretenir une affection qui porte avec elle sa récompense. Quoi qu'il en soit de ces recherches et de ces études, dont nous avouons toute l'insuffisance, un fait les domine, et leur survivra. Il demeurera établi qu'une ville obscure, livrée à ses seules forces, a, pendant de longs siècles, tenu d'une main ferme le sceptre des arts ; qu'une école triplement puissante d'orfèvres, d'émailleurs et de peintres sur verre y a fleuri, s'y est développée sous l'influence chrétienne, à travers les vicissitudes et les périls de la formation des sociétés modernes.

La chaîne de ces traditions glorieuses va-t-elle se briser? L'orfévrerie a choisi Paris pour dernier asile; l'art des émailleurs est abandonné ; la peinture sur verre fleurit en d'autres lieux en défiant toute concurrence. Le Limousin ne doit-il désormais léguer à l'avenir que les succès douteux de son négoce et de ses poteries?

Nous avons une espérance meilleure. Grâce au dévouement des hommes d'intelligence, le goût des arts se répandra de plus en plus à Limoges : nos églises, ces véritables musées populaires, s'enrichiront d'œuvres intéressantes ; un asile modeste va s'ouvrir aux débris sauvés de l'art limousin ; un enseignement gratuit propagera la connaissance et la pratique des arts.

Modeleurs, peintres, fabricants de porcelaine, si nombreux à Limoges, c'est à vous de relever la gloire de notre commune patrie. Vos travaux appartiennent à la fois à la peinture et à la sculpture, et ces deux sœurs, unies, peuvent s'y prêter un mutuel secours.

Vous disposez d'une matière souple comme la cire, blanche et dure à l'égal du marbre le plus beau. Vos peintures traverseront les âges, brillantes, inaltérables comme les anciens émaux. Le monde des arts, l'Europe entière appréciait l'émail de Limoges. Dans la pensée générale ce nom désignait des peintures éclatantes, belles par le dessin comme par la couleur ; des travaux variés, marqués d'un cachet particulier d'originalité ; des œuvres populaires distribuant un enseignement plein de moralité, dominant la mode au lieu de se traîner à sa suite.

Que vos œuvres futures, empreintes du même caractère, aient une réputation qui les distingue dans la foule des productions modernes. L'Europe entière disait *émail de Limoges :* qu'on dise un jour, au même titre, *porcelaine de Limoges !* A quel cœur limousin ne sourit pas cette espérance !

TABLE DES MATIÈRES.

TABLE DES MATIÈRES.

XVᵉ SIÈCLE.

TROISIÈME PARTIE.

XVIᵉ ET XVIIᵉ SIÈCLE.

APPENDICE SUR LES PROCÉDÉS.

I.

II.

III.

8.

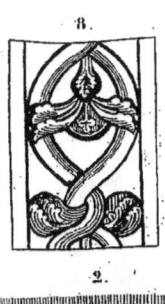

7.

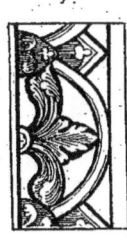

6.

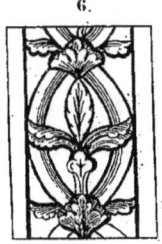

5.

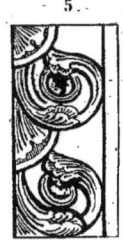

2.

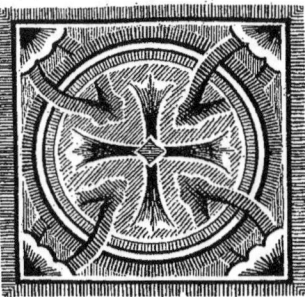

3.

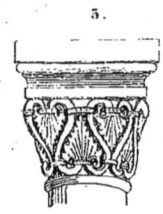

9.

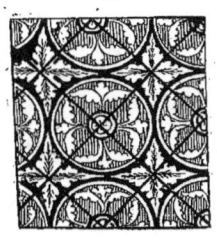

10.

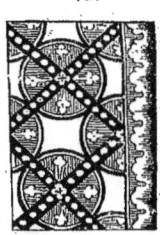

1.

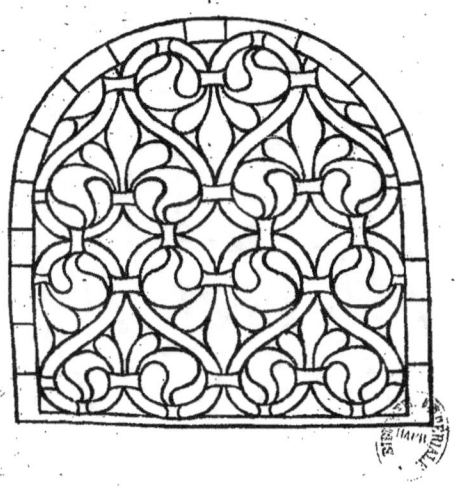

4.

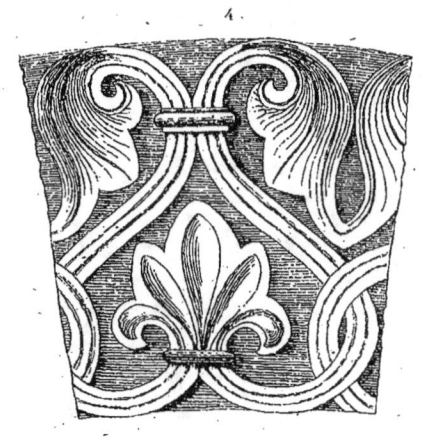

1, Vitrail de Bon-Lieu, antérieur a 1141.

2, Croix de Consécration peinte à Bon-Lieu en 1141.

3, Chapteau provenant de St Martial, (XIIe Siecle.)

4, Peinture exécutée en 1135.

5, 6, 7, 8, Bordures de Vitraux du XIIIe Siècle.

9, 10. saïques de Vitraux du XIIIe Siècle.

Lith. de Crossas. Limoges.

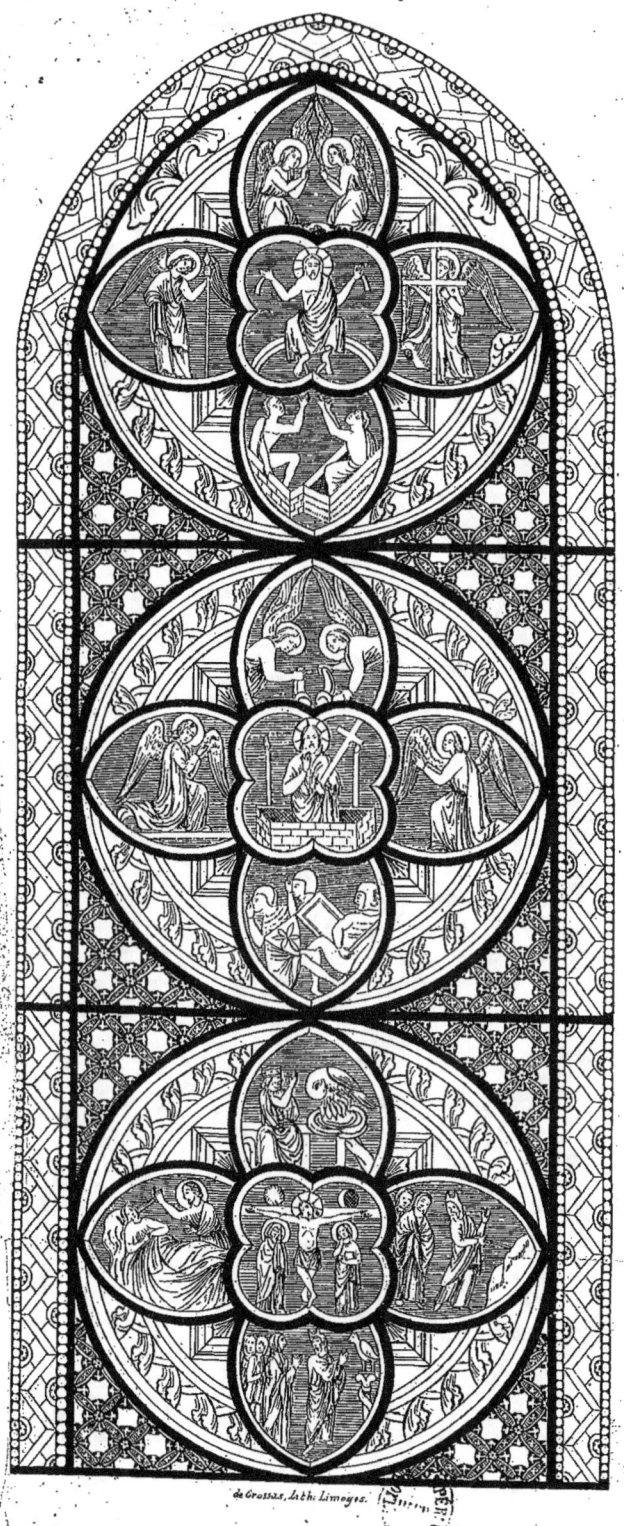

de Grossas, Lith. Limoges.

VITRAIL DU XIII.e SIÈCLE

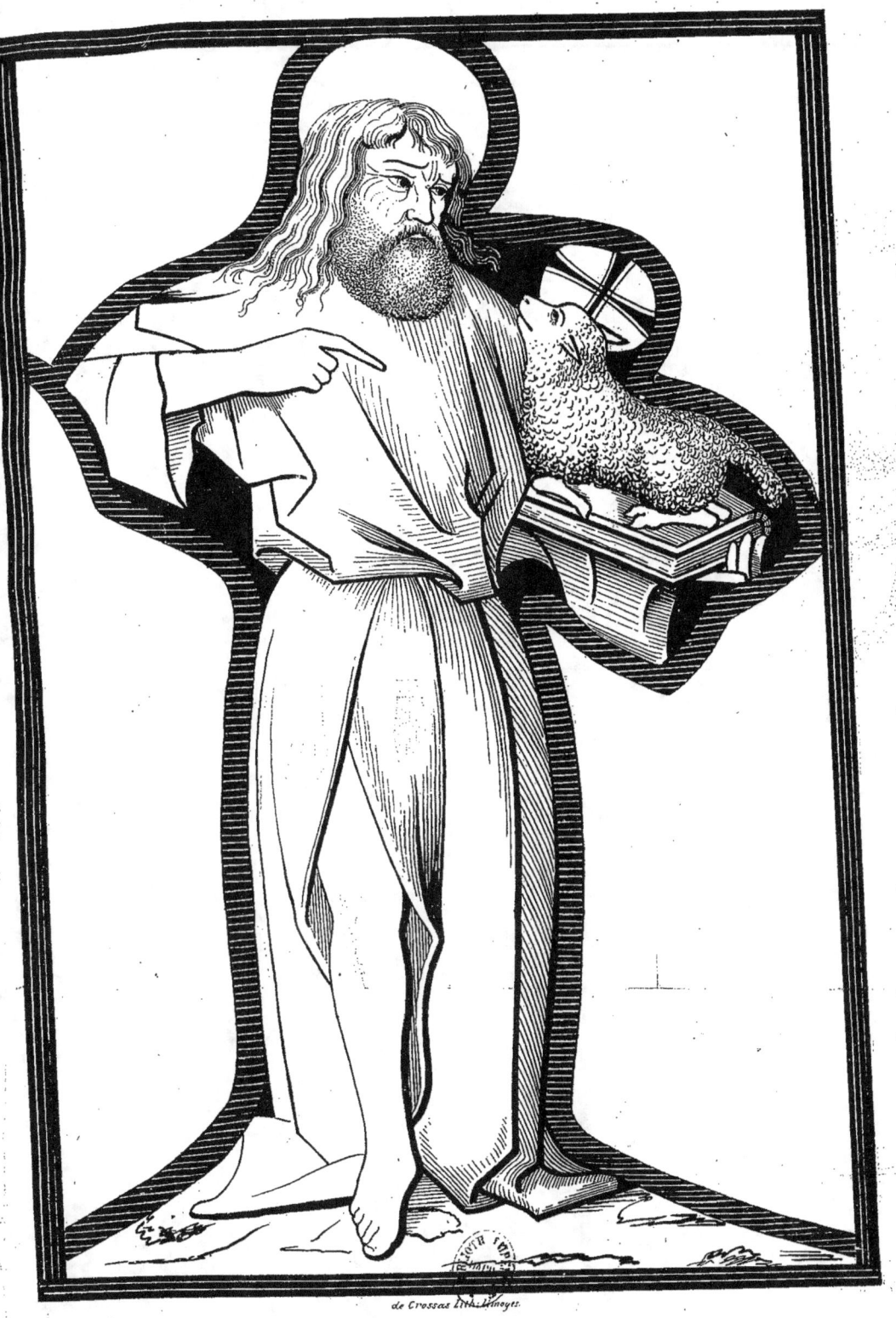

SAINT JEAN BAPTISTE

Fragment d'un Vitrail de Saint Michel des Lions. (XVᵉ Siècle.)

Pl. IV

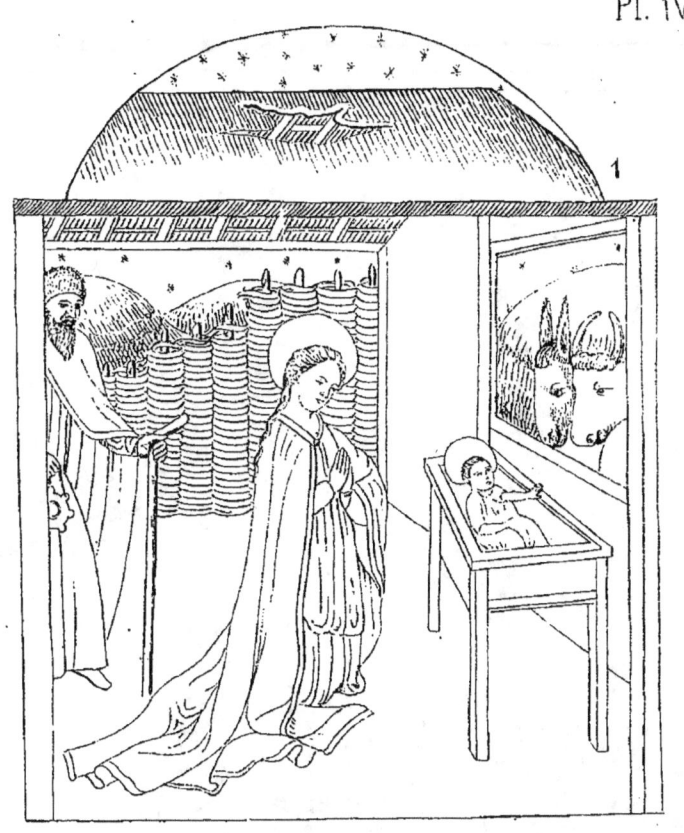

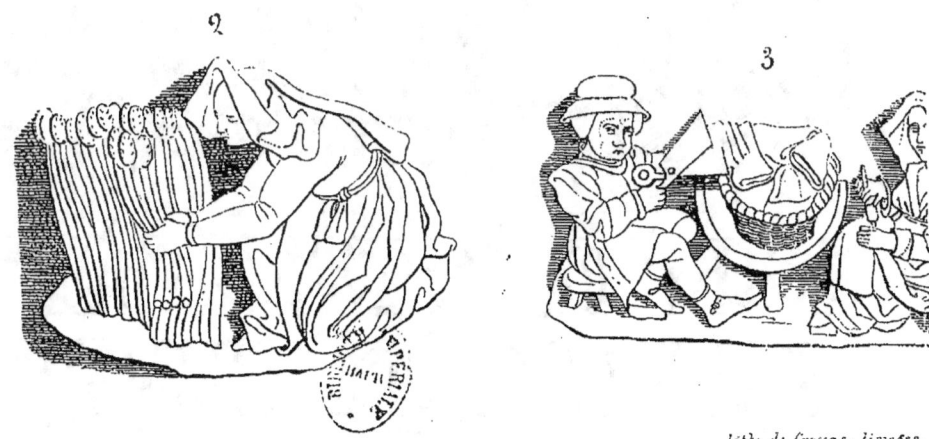

1. Vignette d'un manuscrit du XVe Siècle.

2.3. Costumes du XVe siècle (d'après les Stalles de la Cathédrale de Rouen.)

Pl. V.

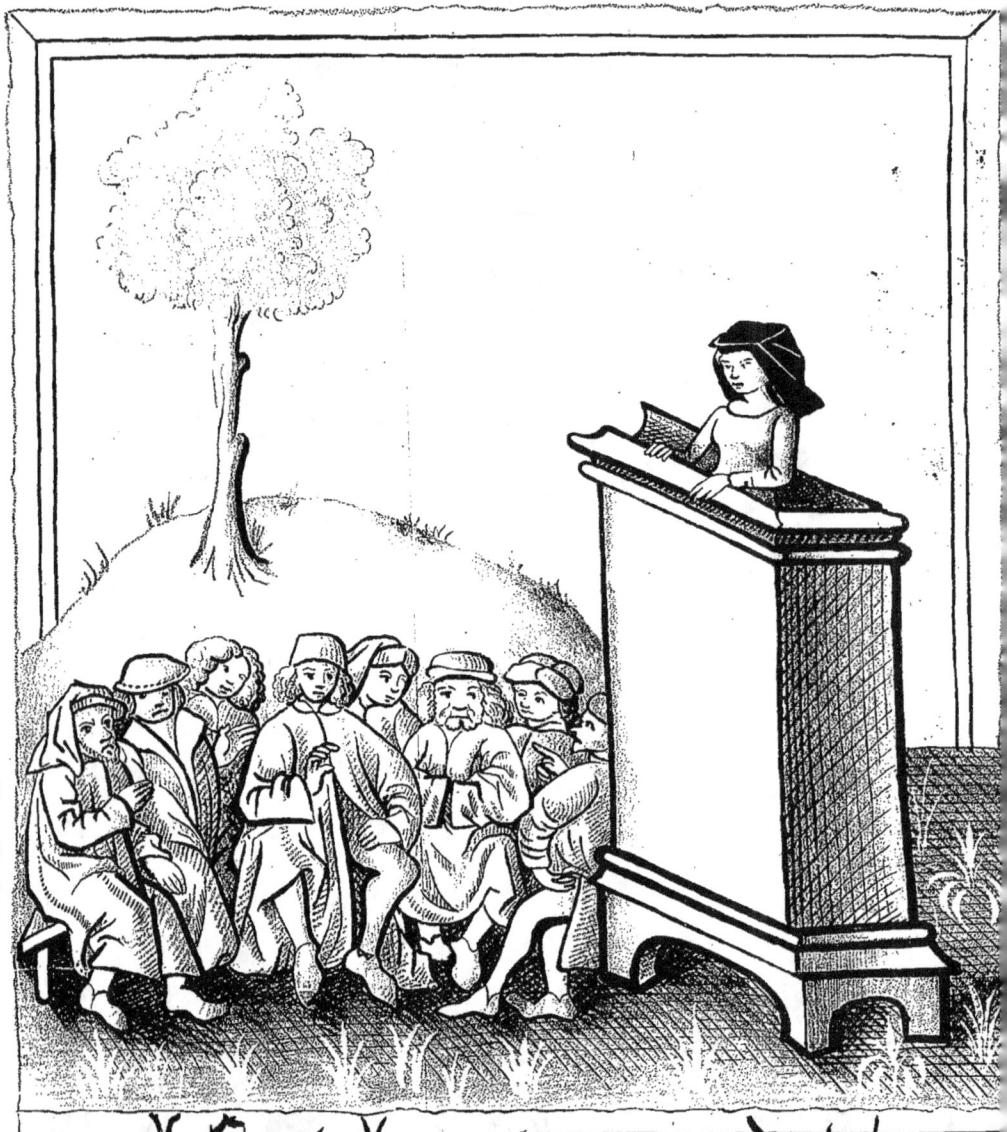

Mal sont les gens endormies
quar pieme sont sermones

VITRAIL DU XVIᵉ SIÈCLE.
(Jeanne d'Albret, prèchant le protestantisme à Limoges.)

Pl. VI.

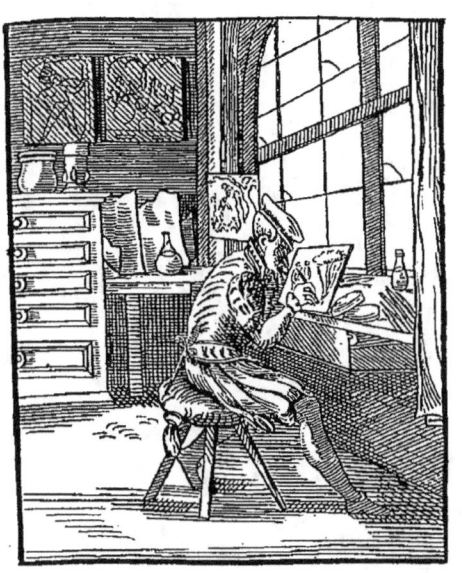
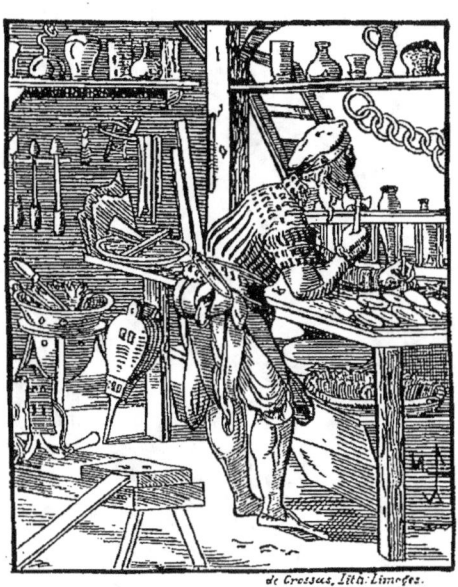

de Cressac, Lith. Limoges.

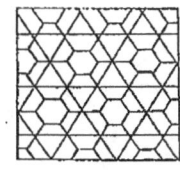
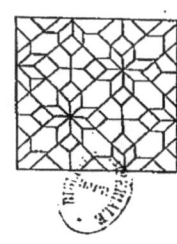
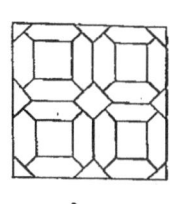

Ateliers d'un Vitrier et d'un Peintre sur Verre, au XVI.ᵉᵐᵉ Siècle.